AF608592

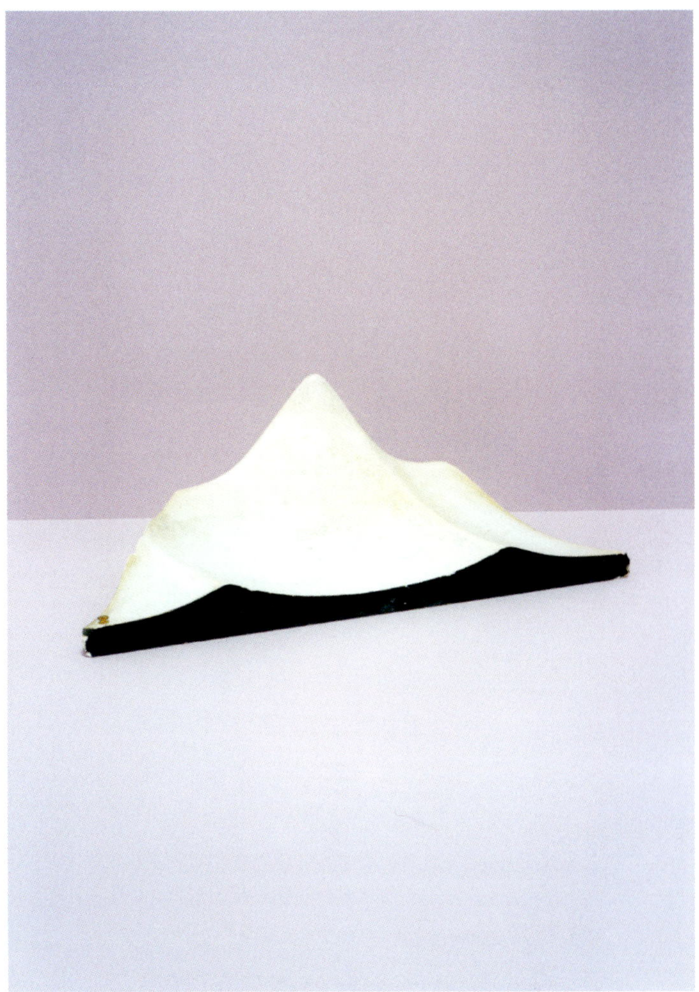

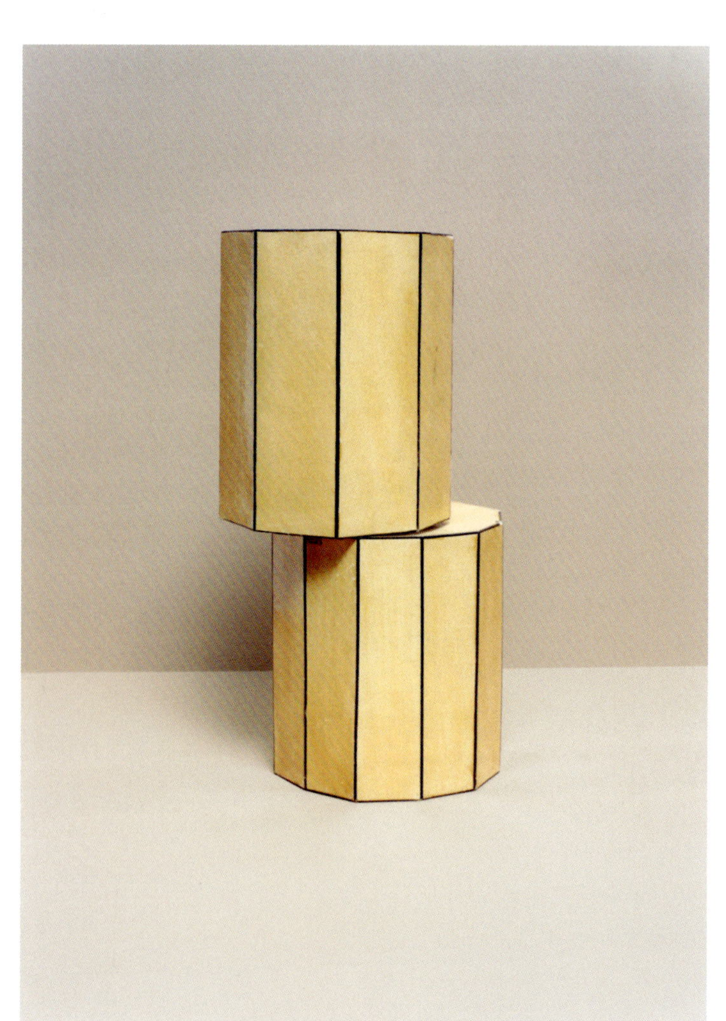

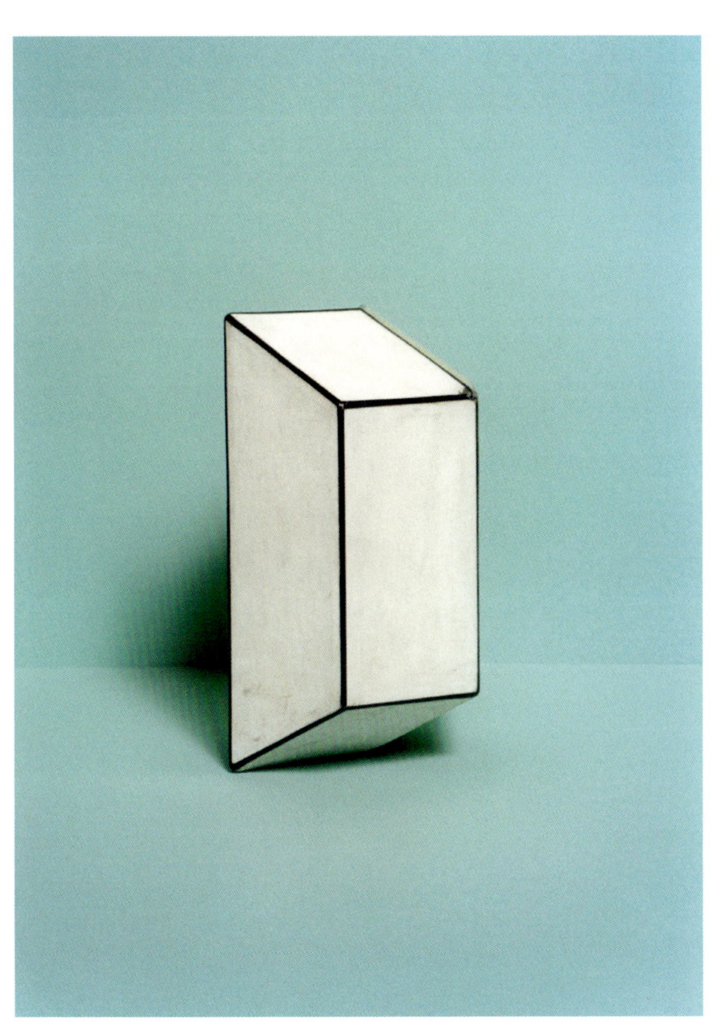

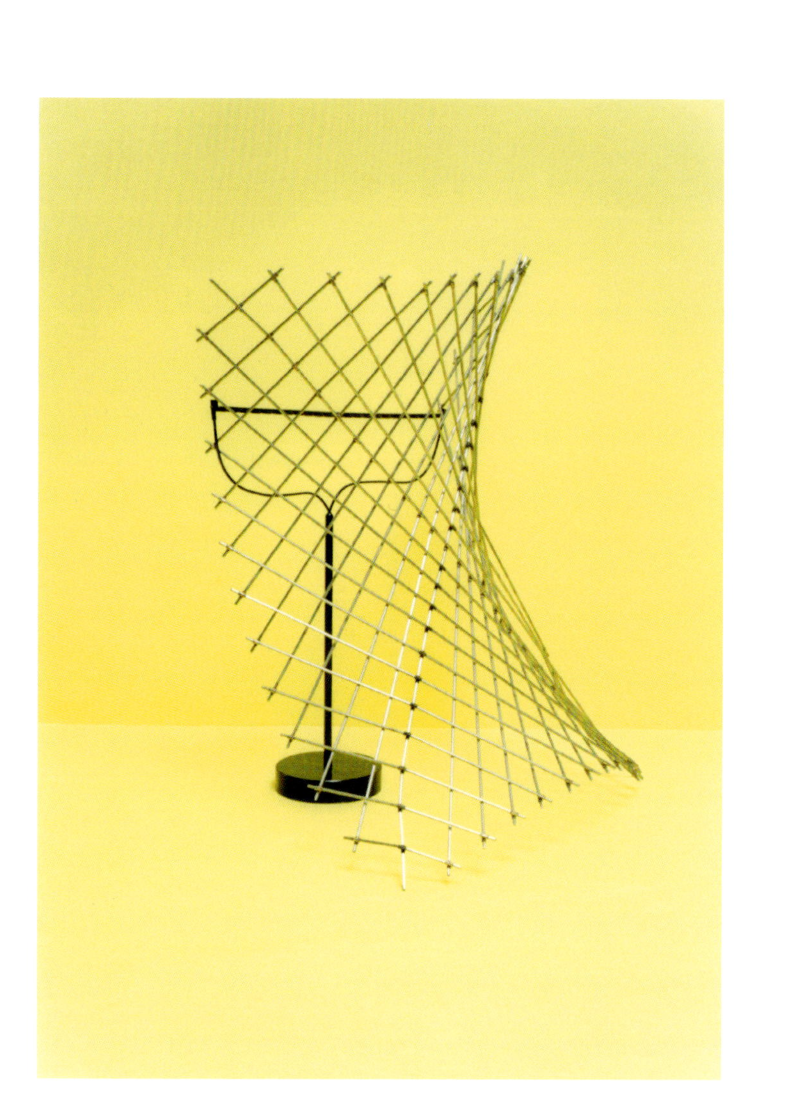

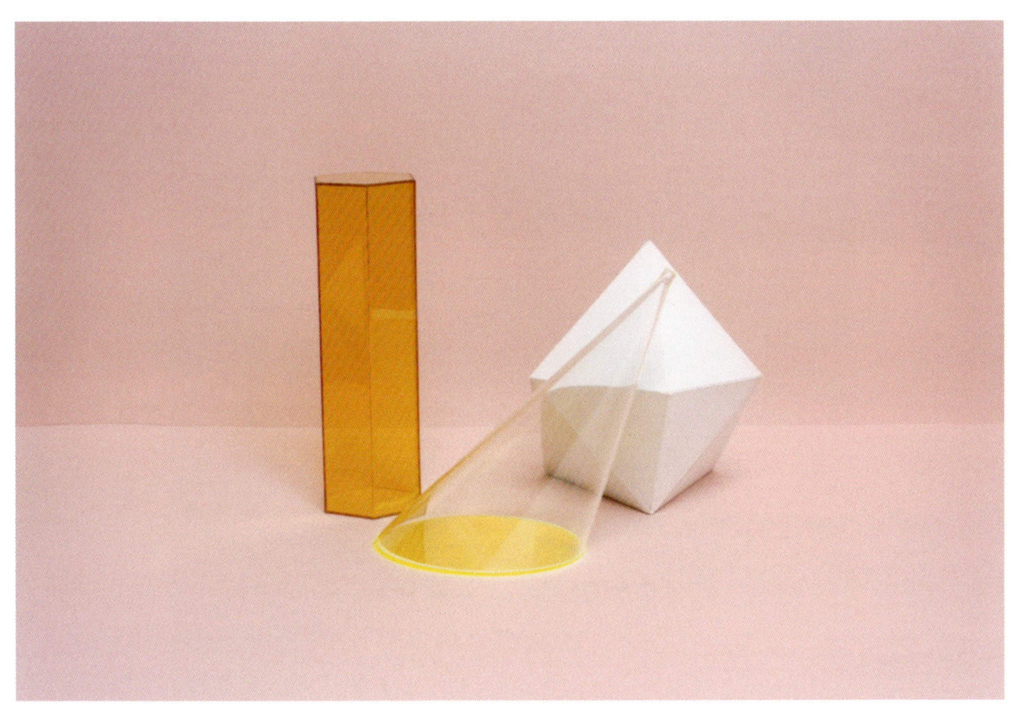

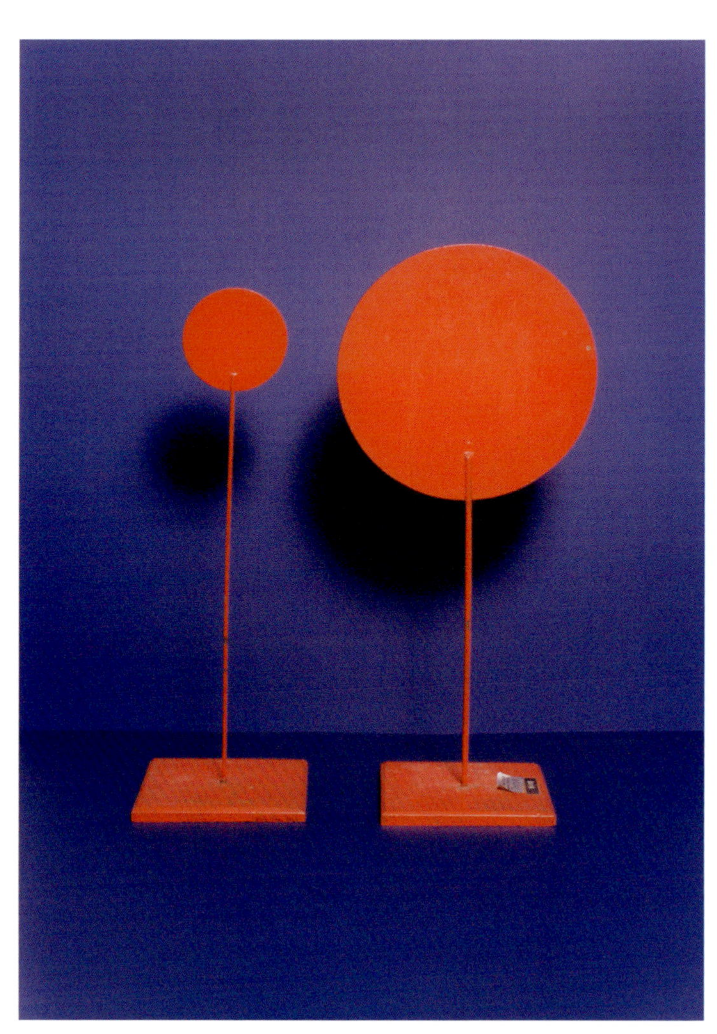

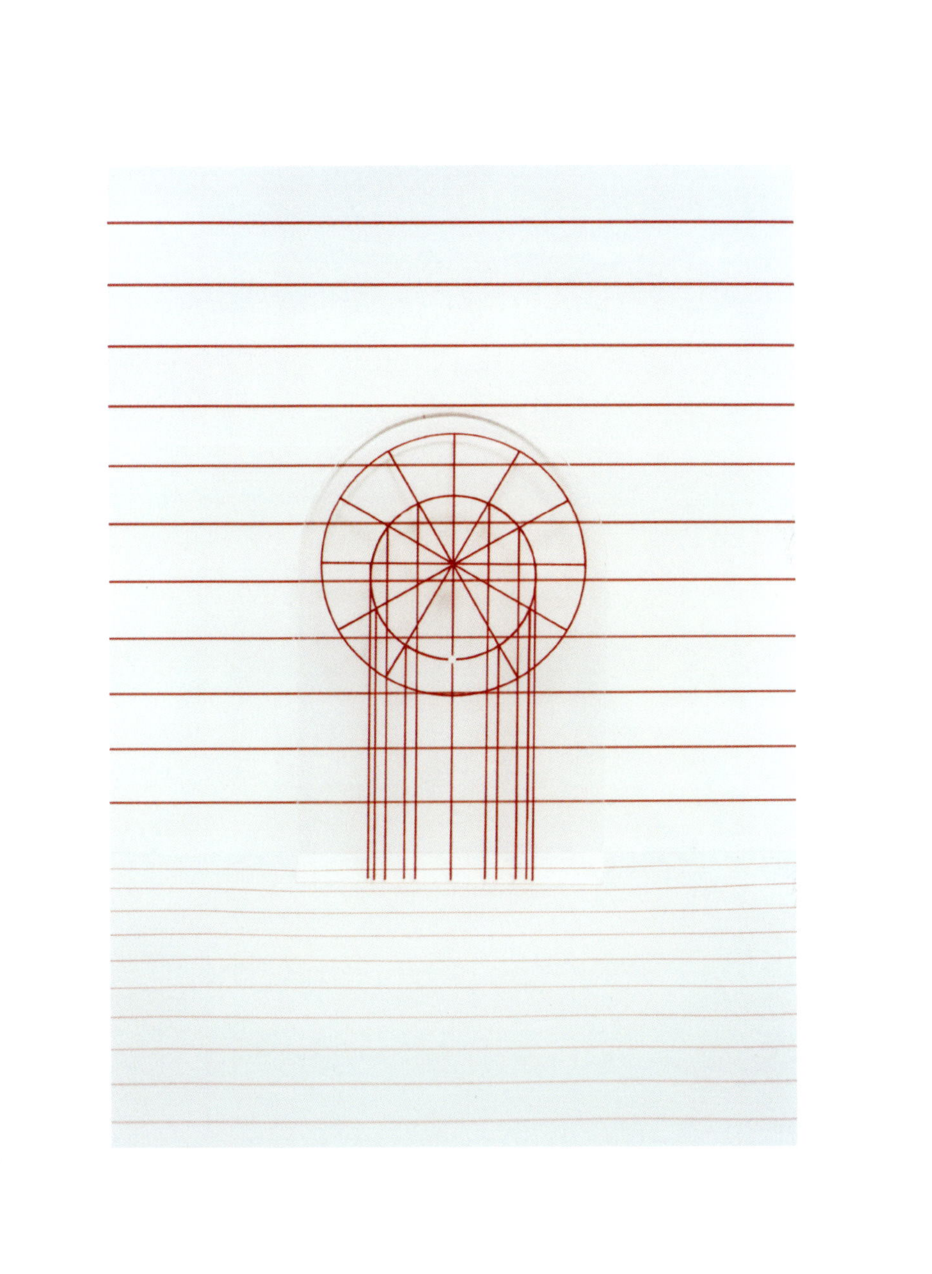

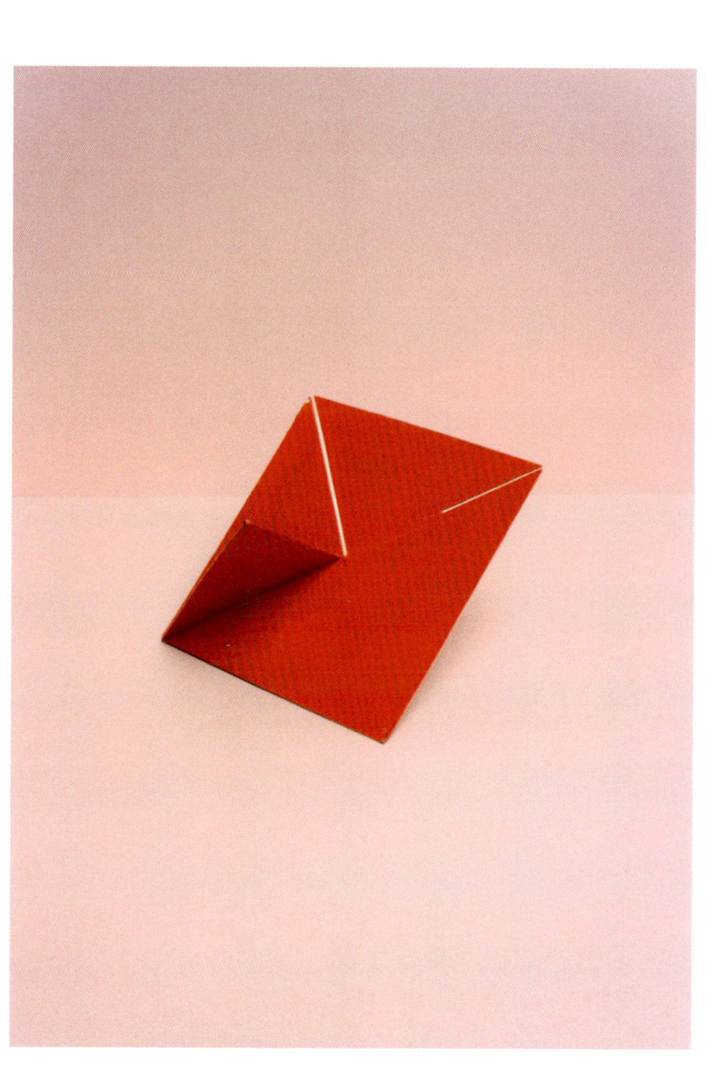

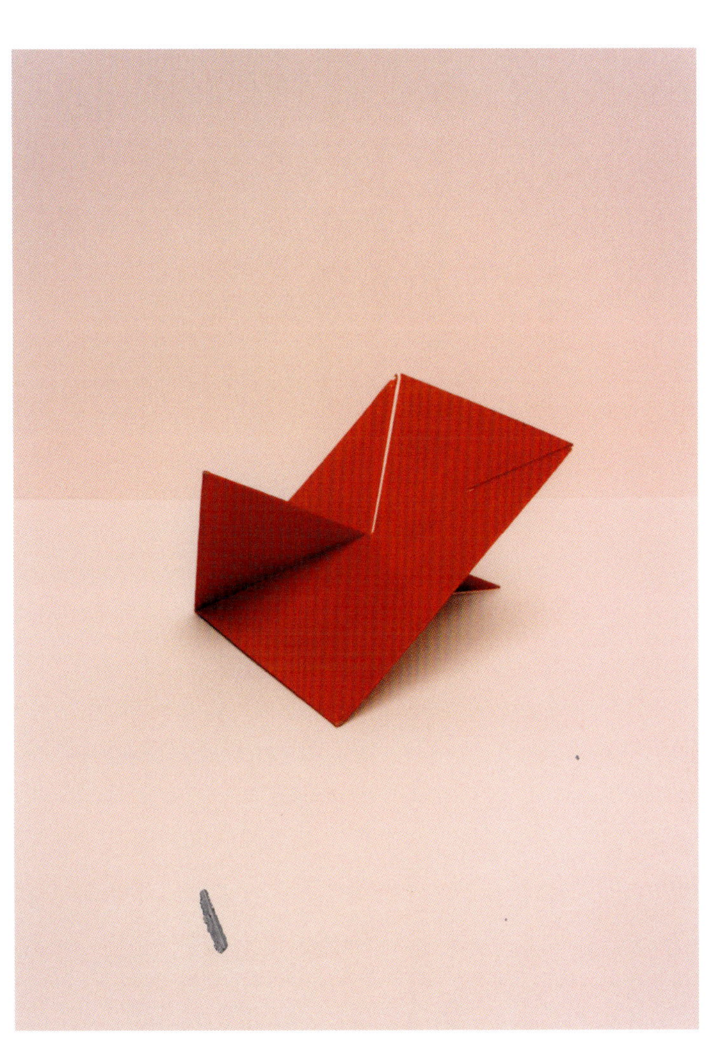

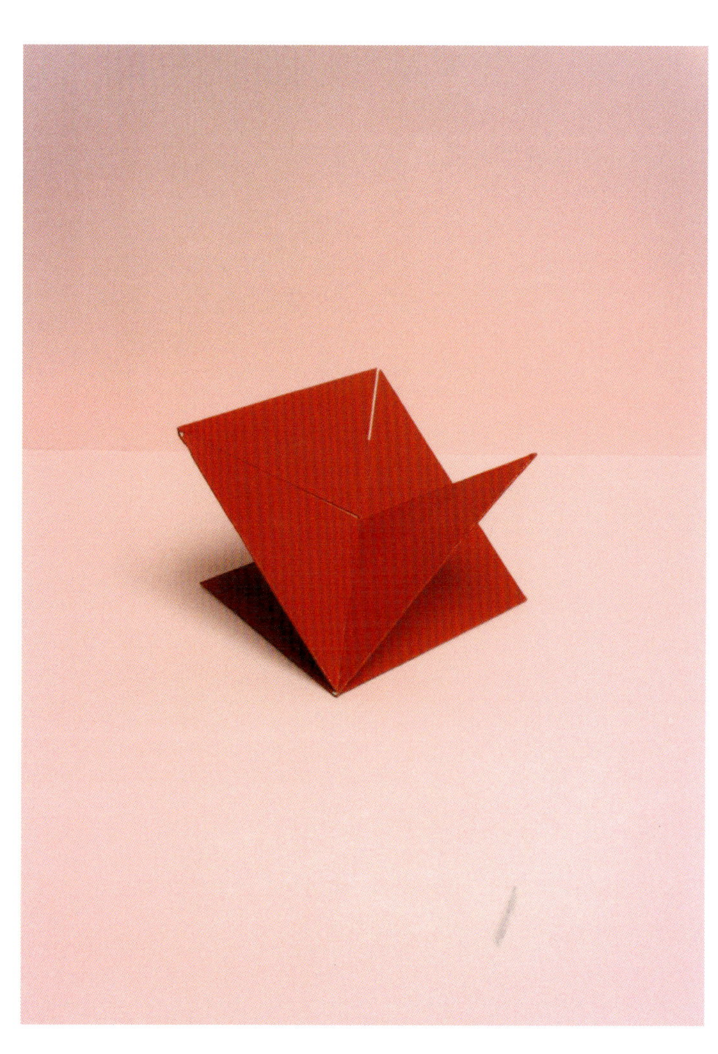

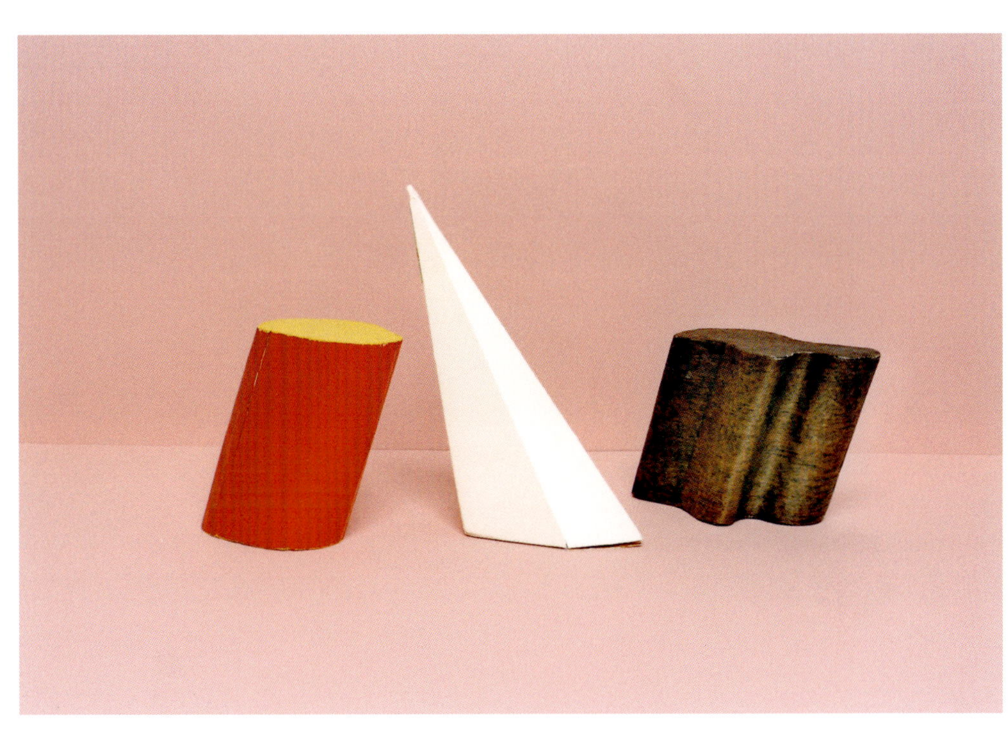

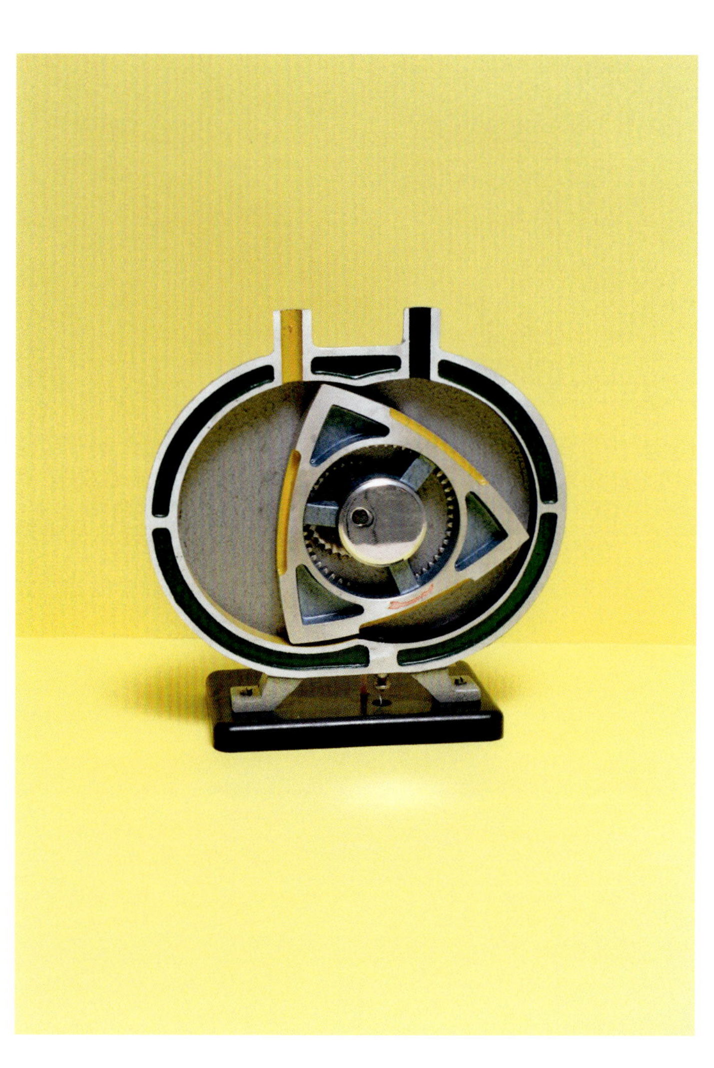

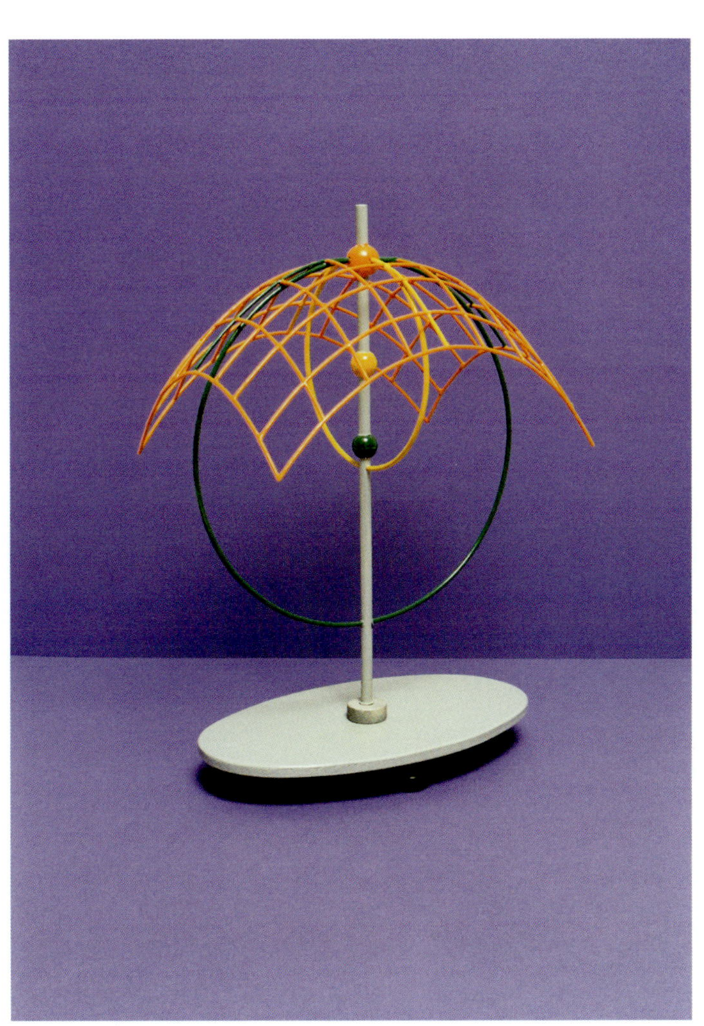

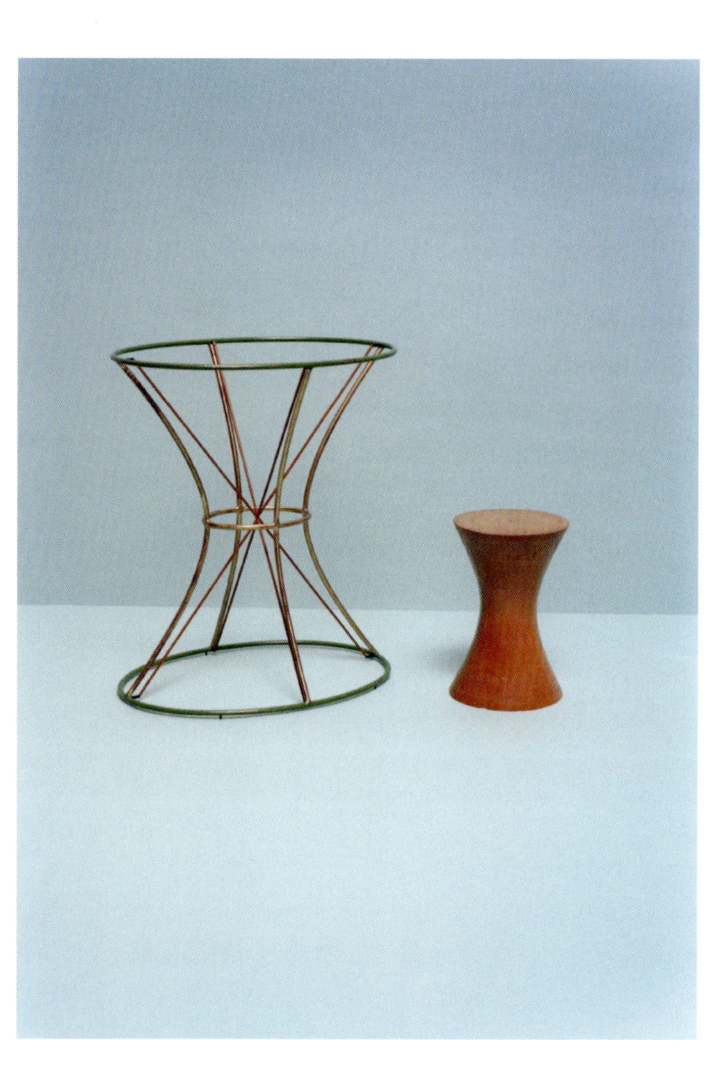

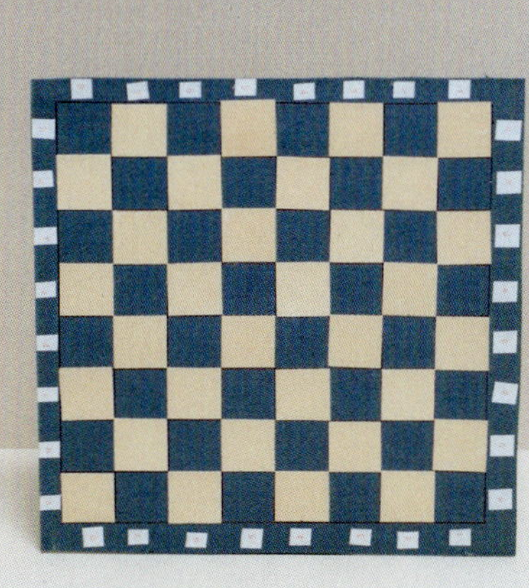

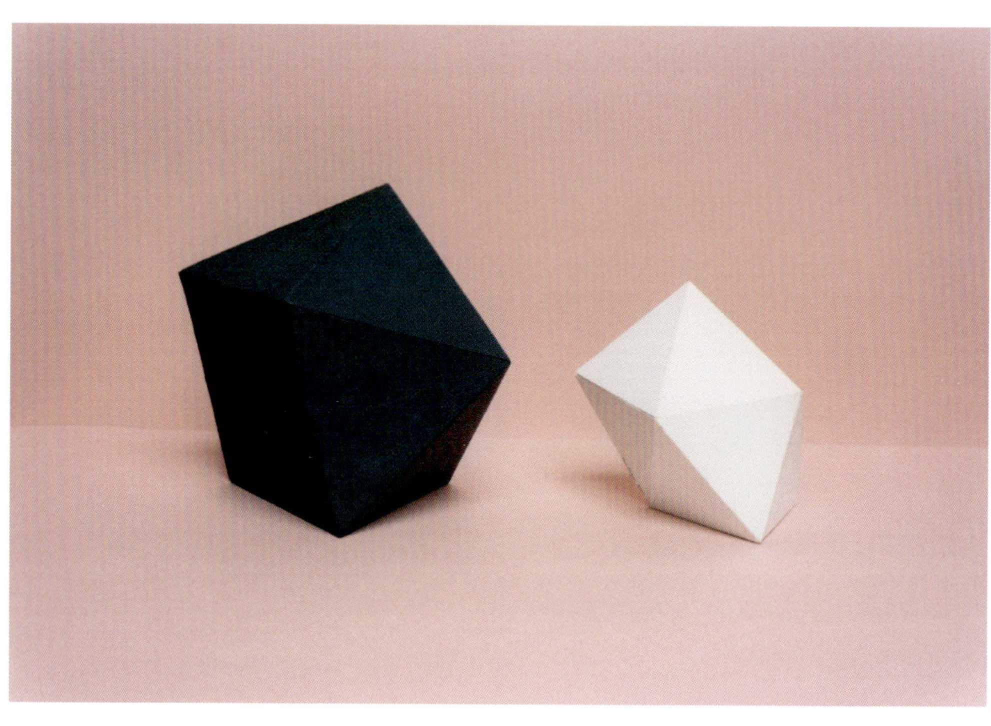

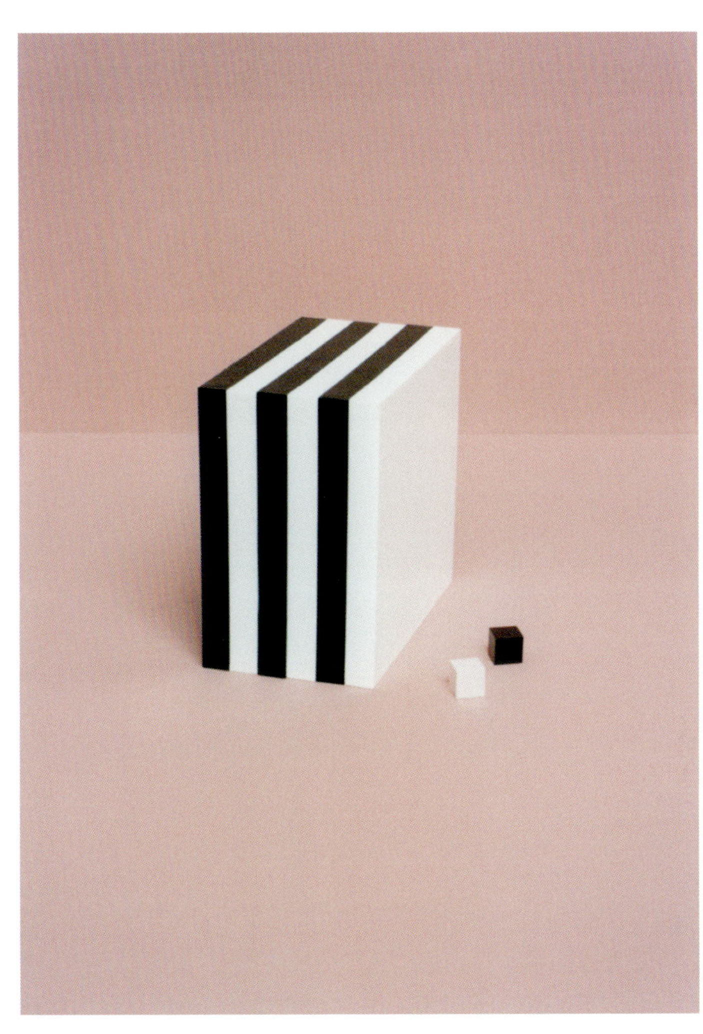

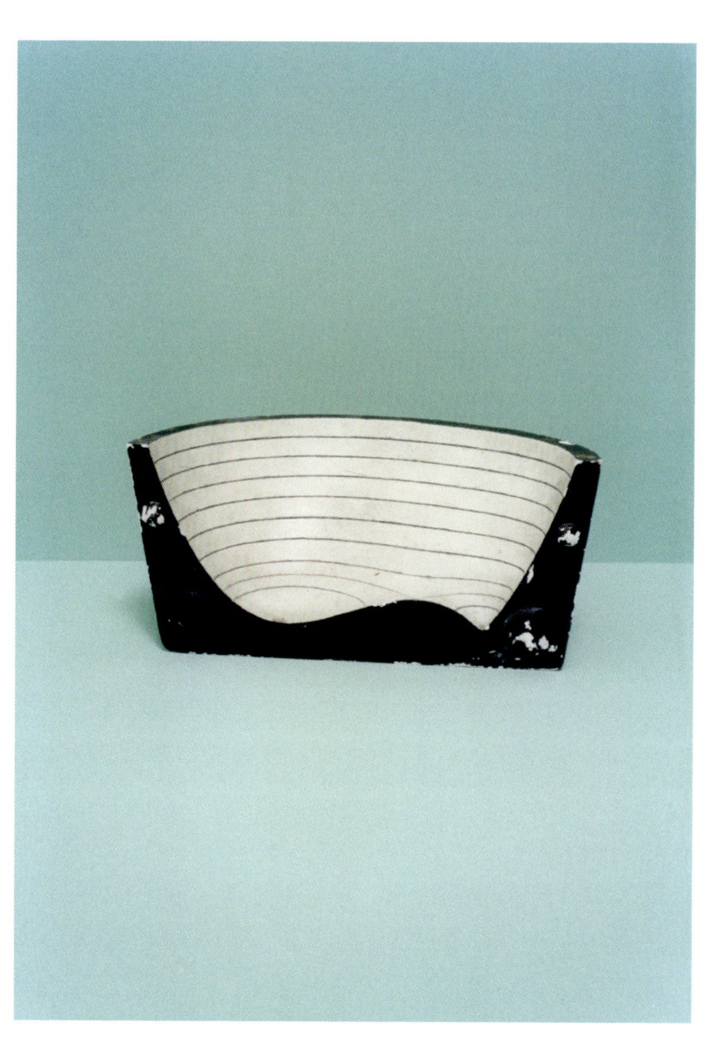

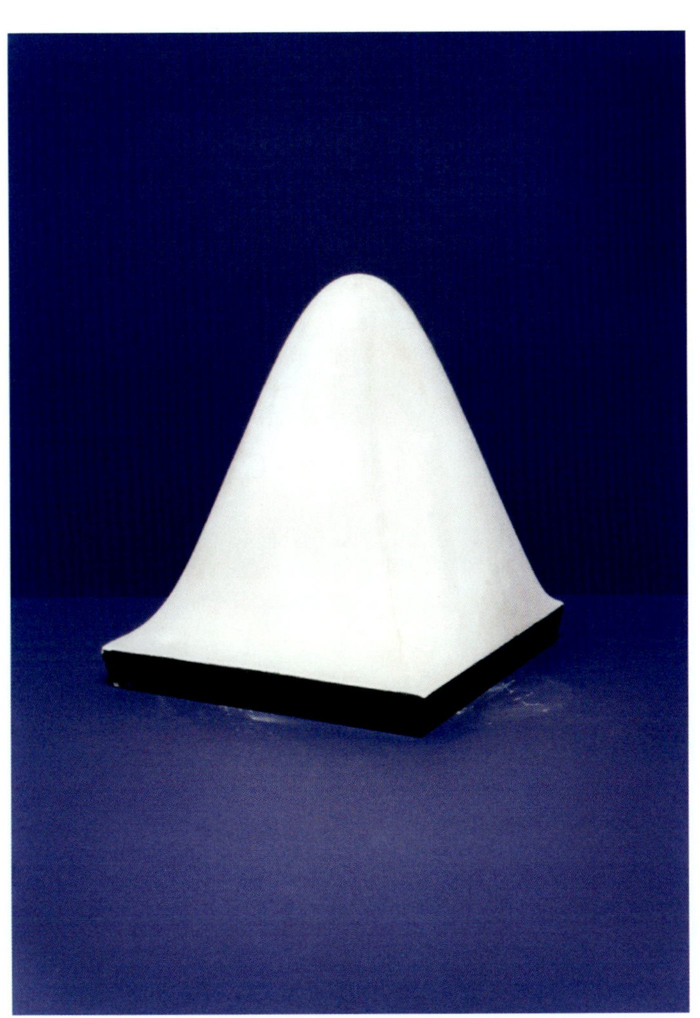

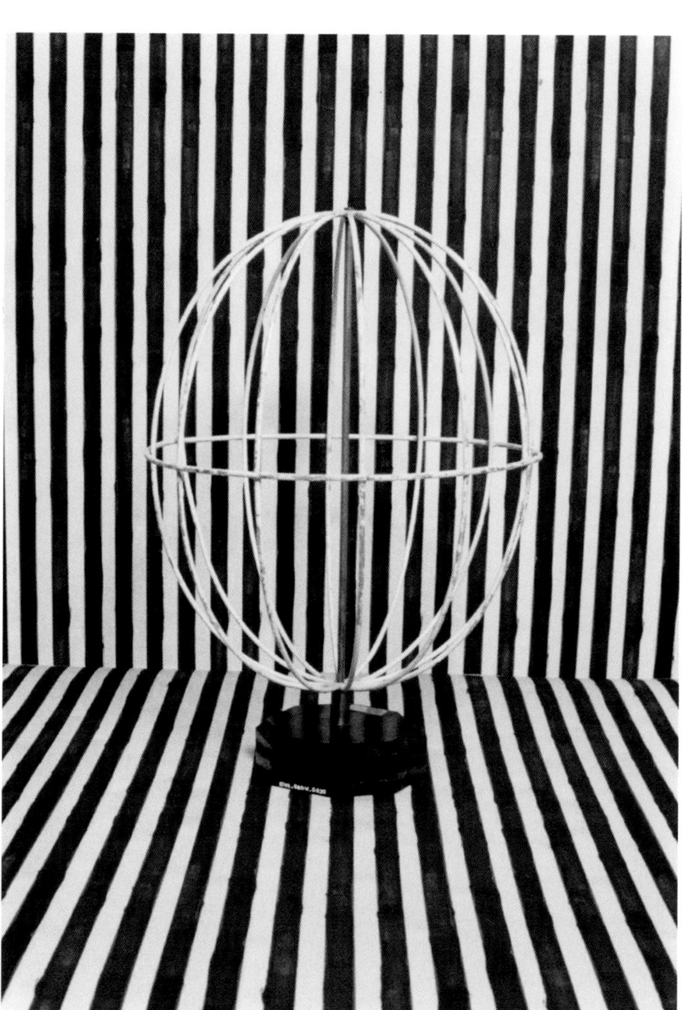

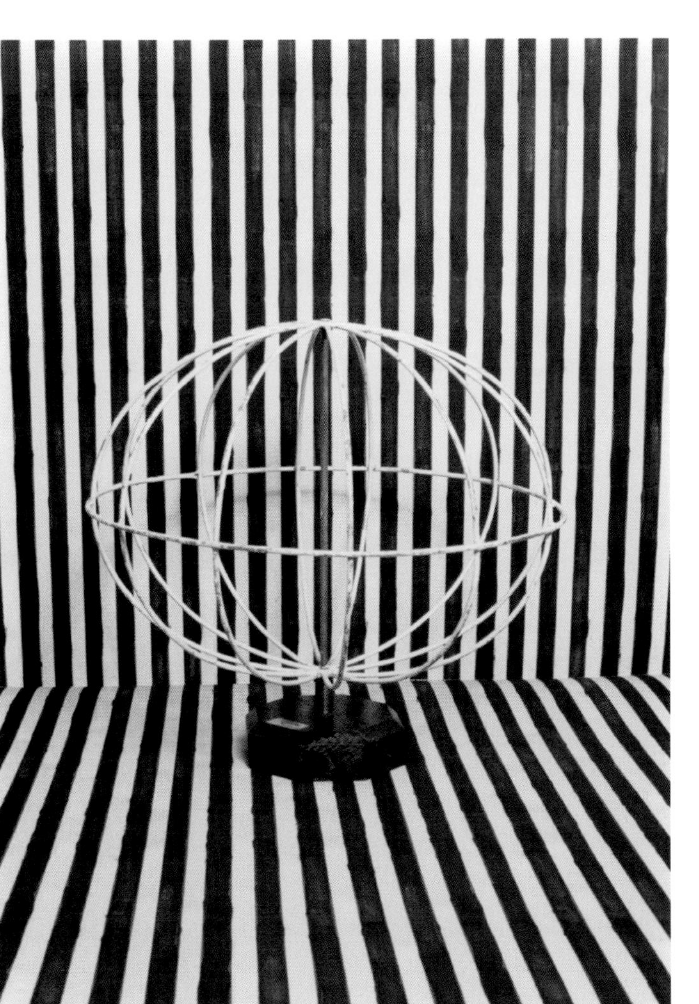

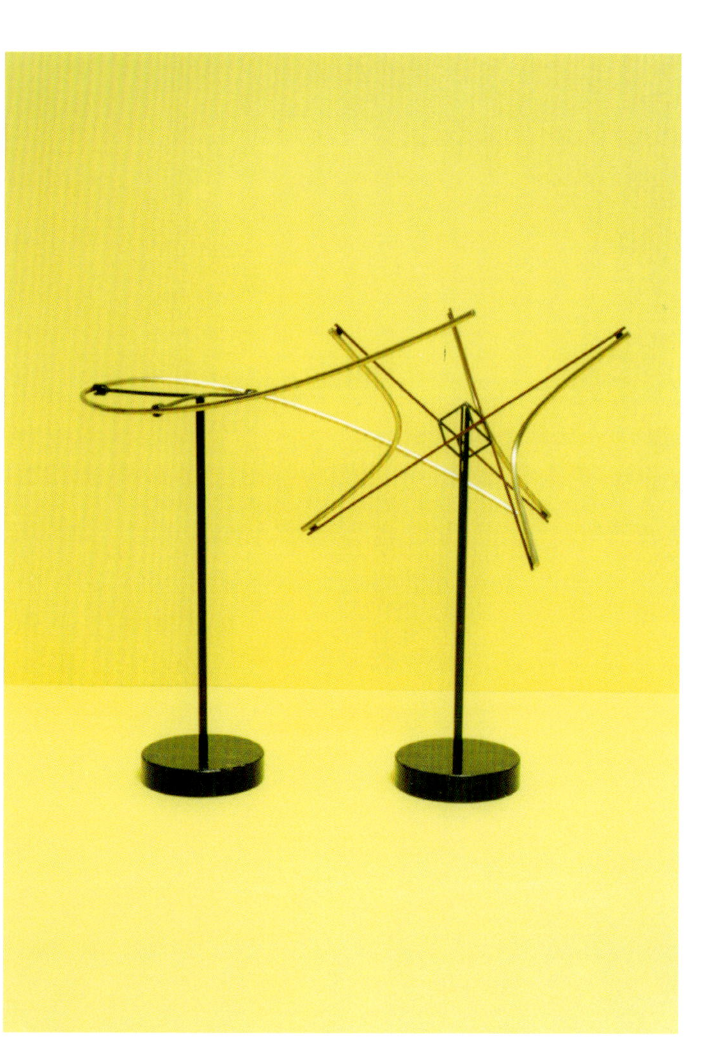

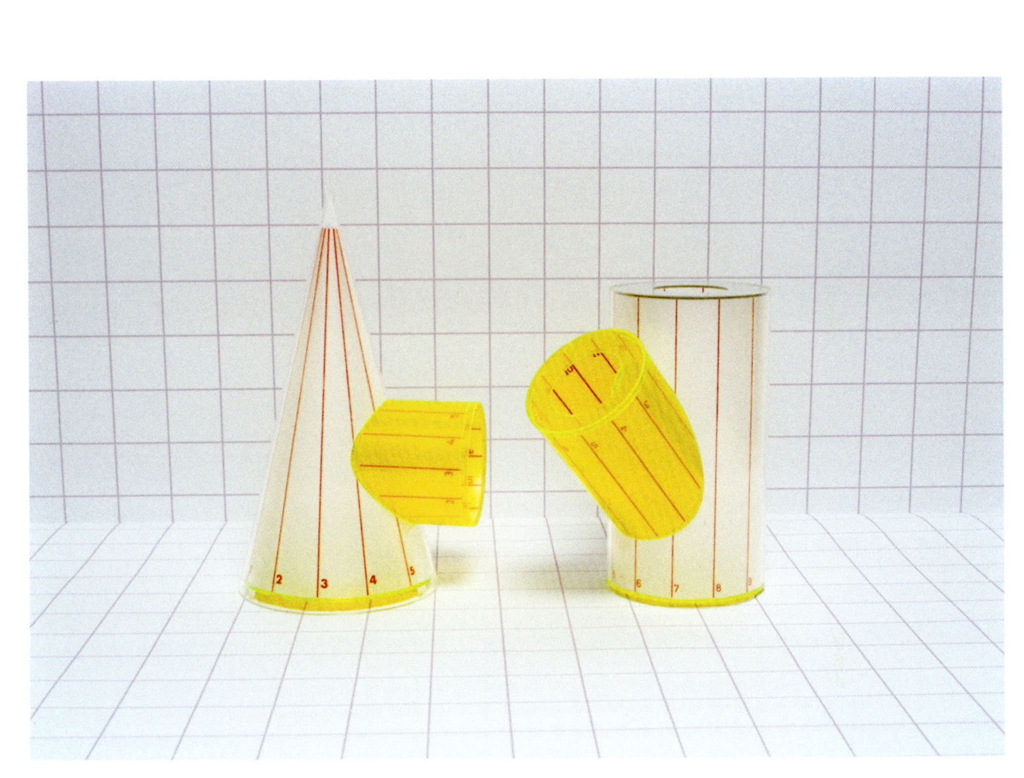
2 3 4 5
6 7 8

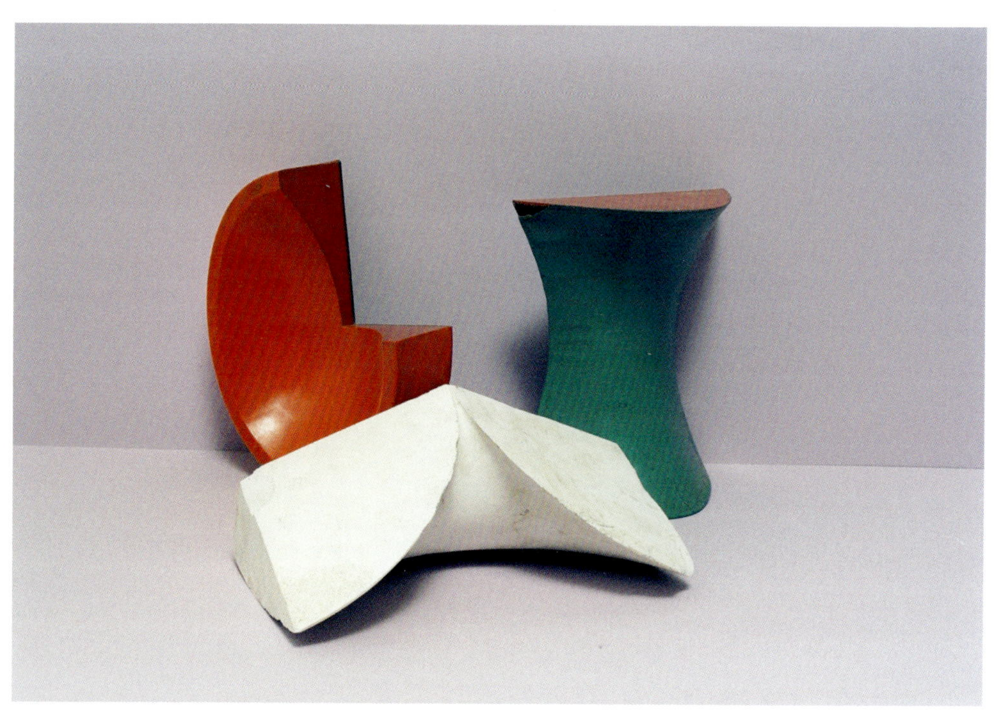

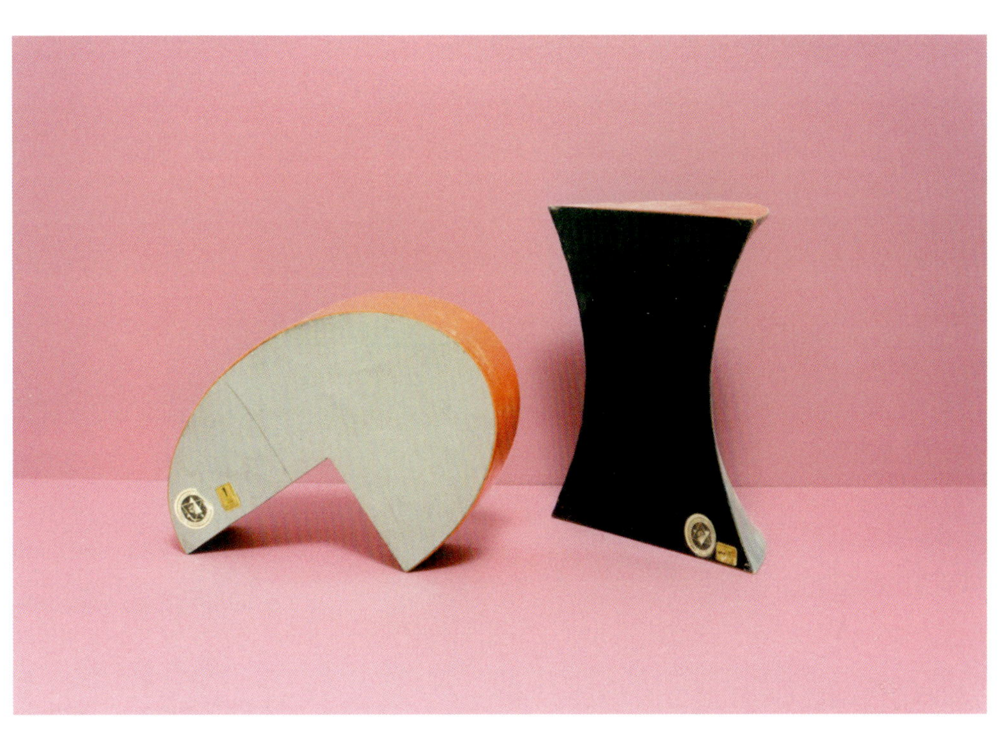

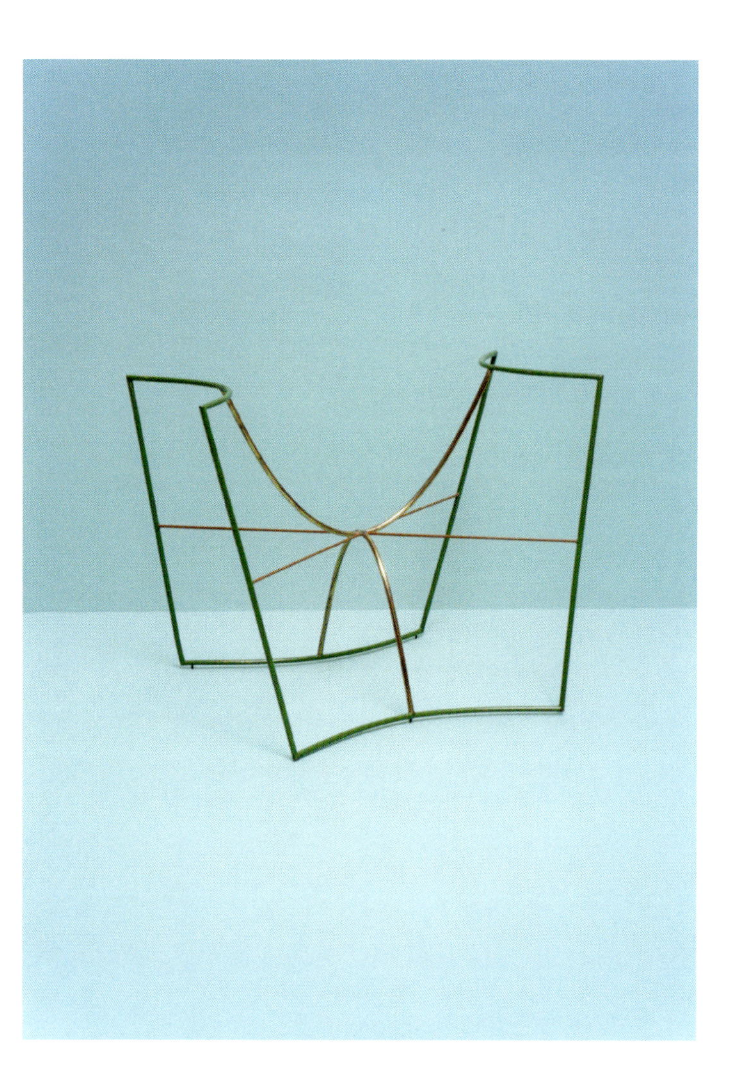

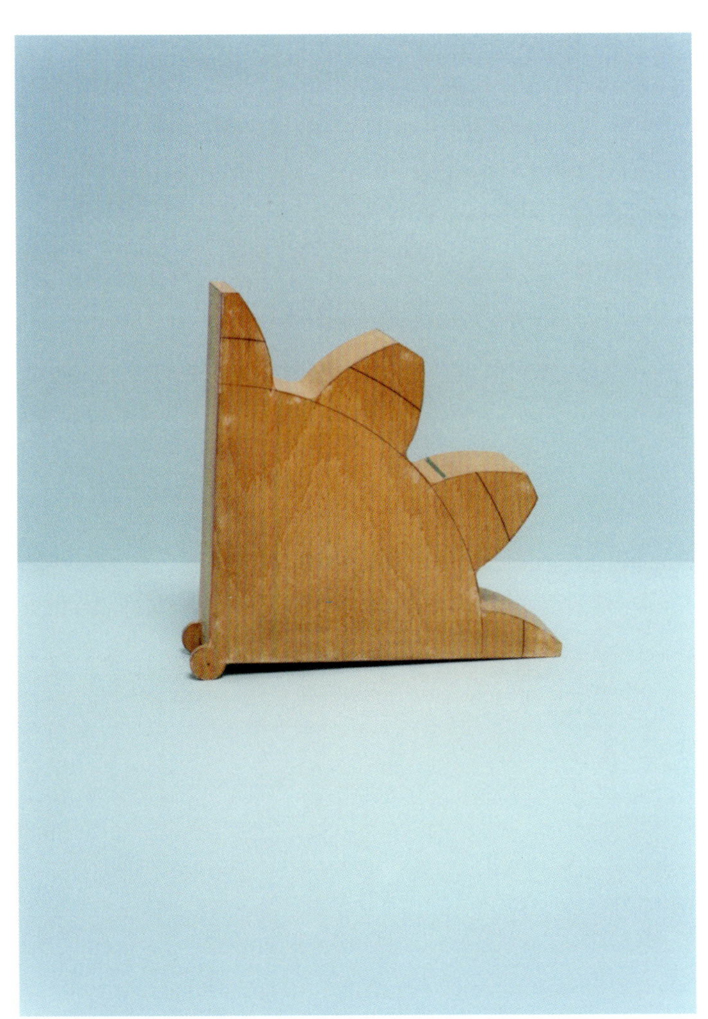

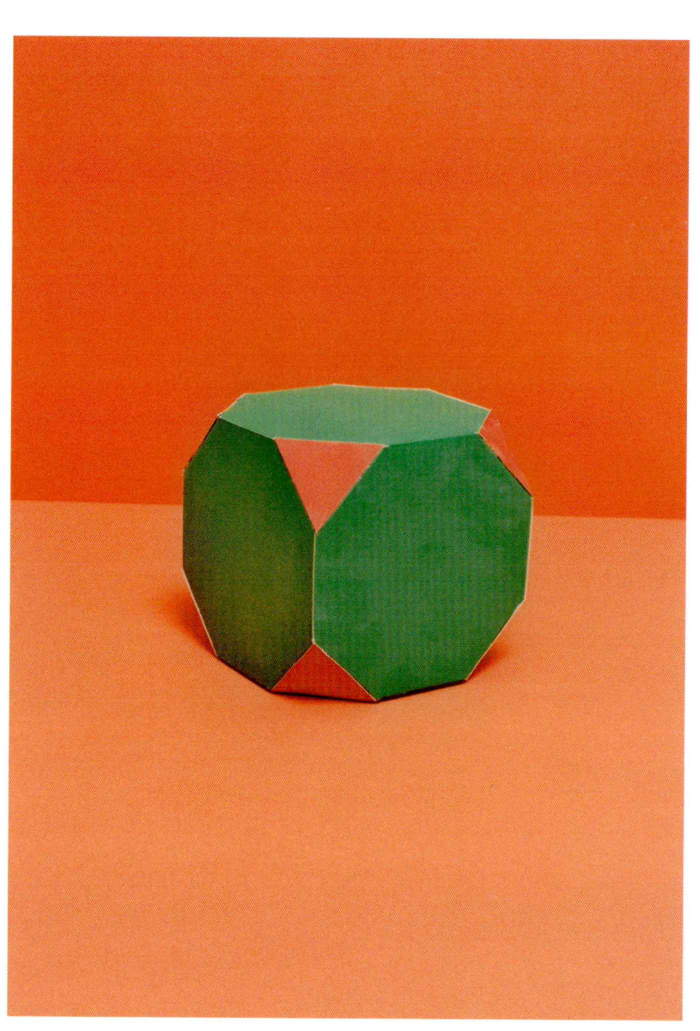

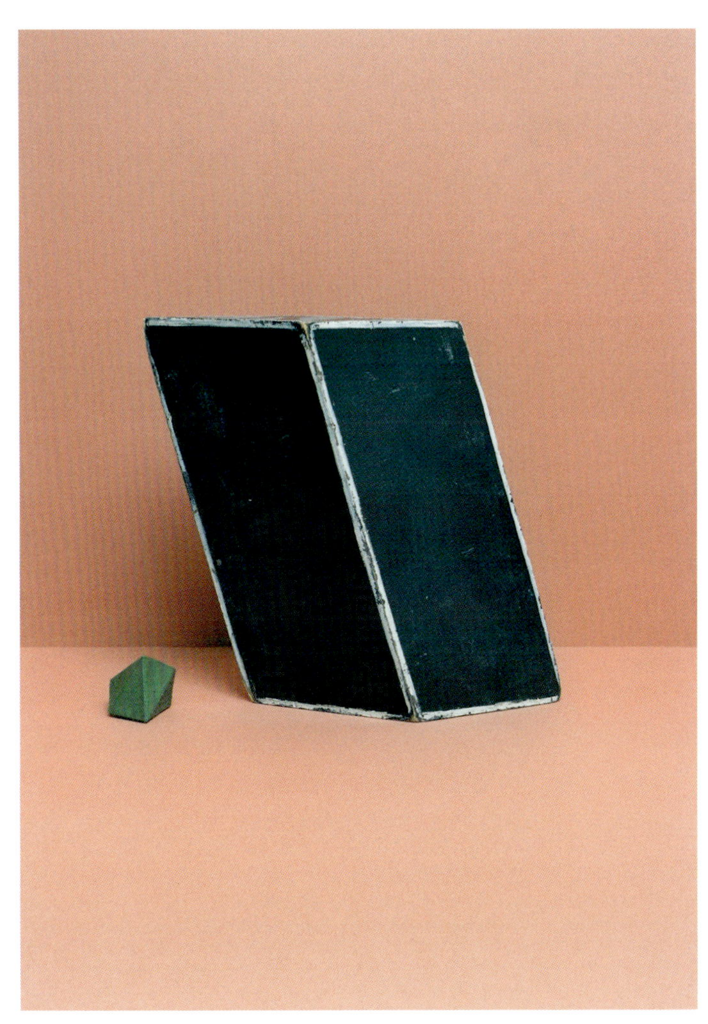

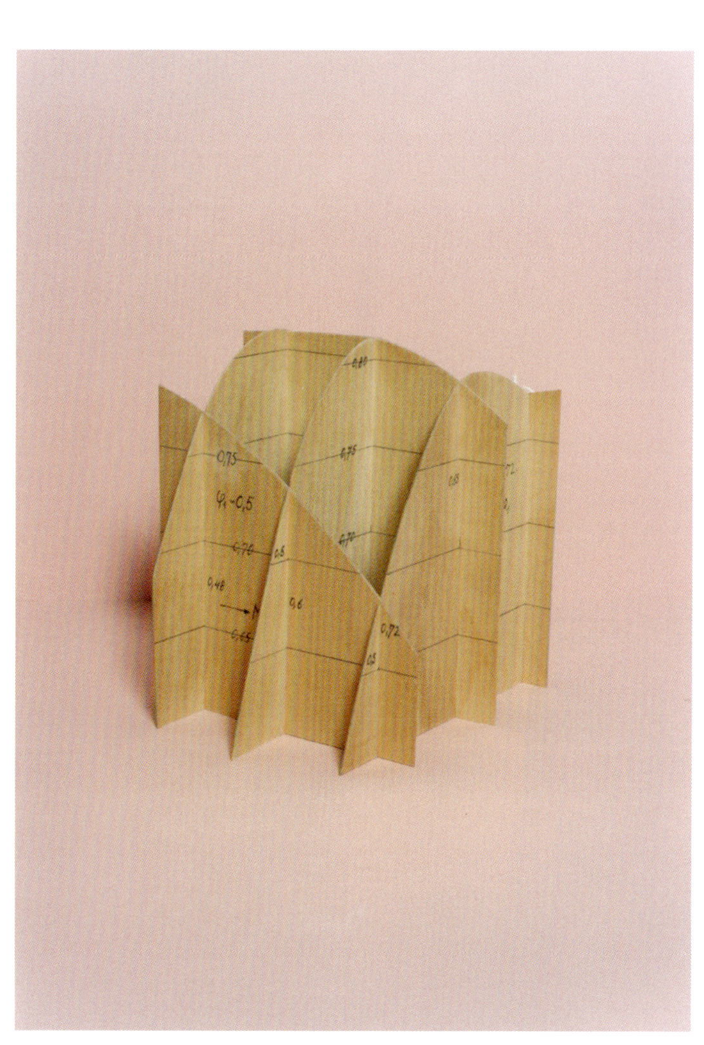

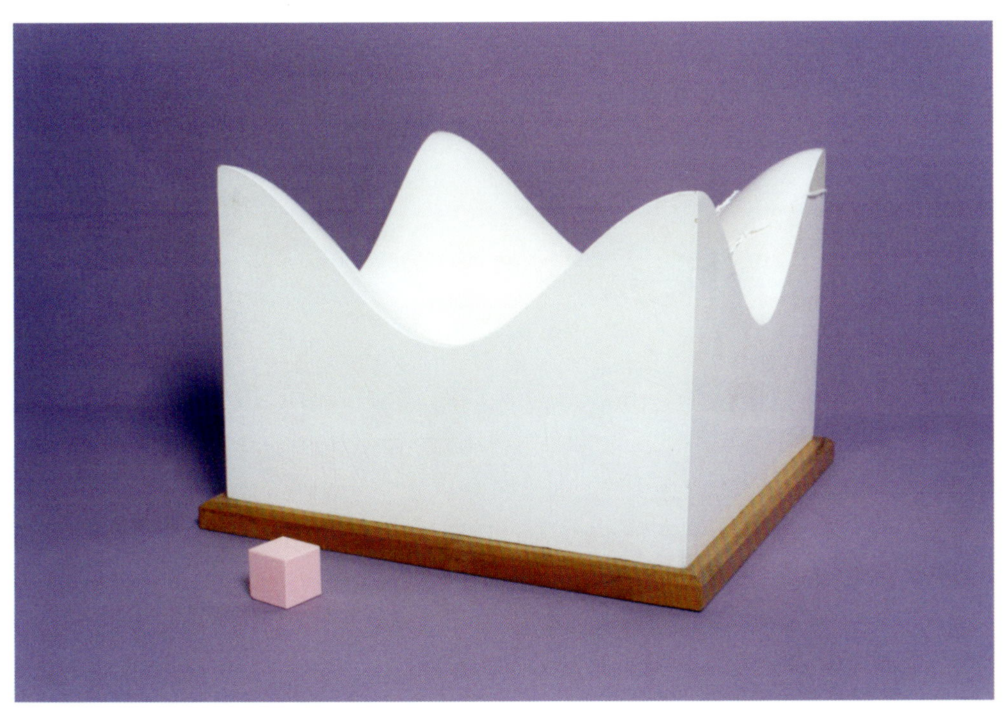

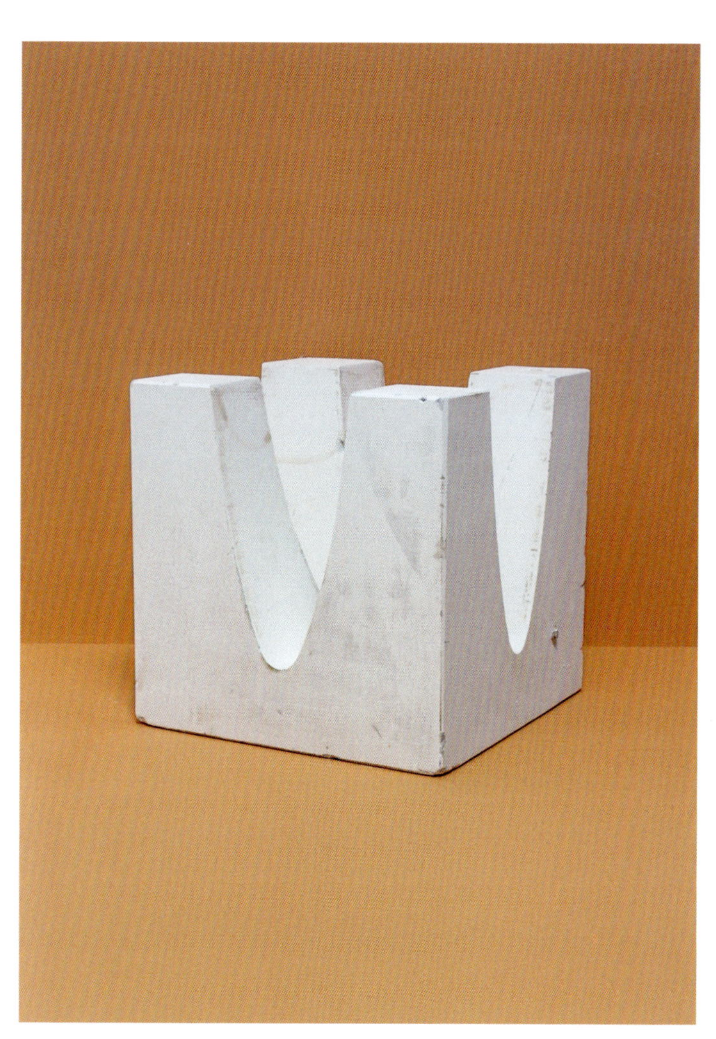

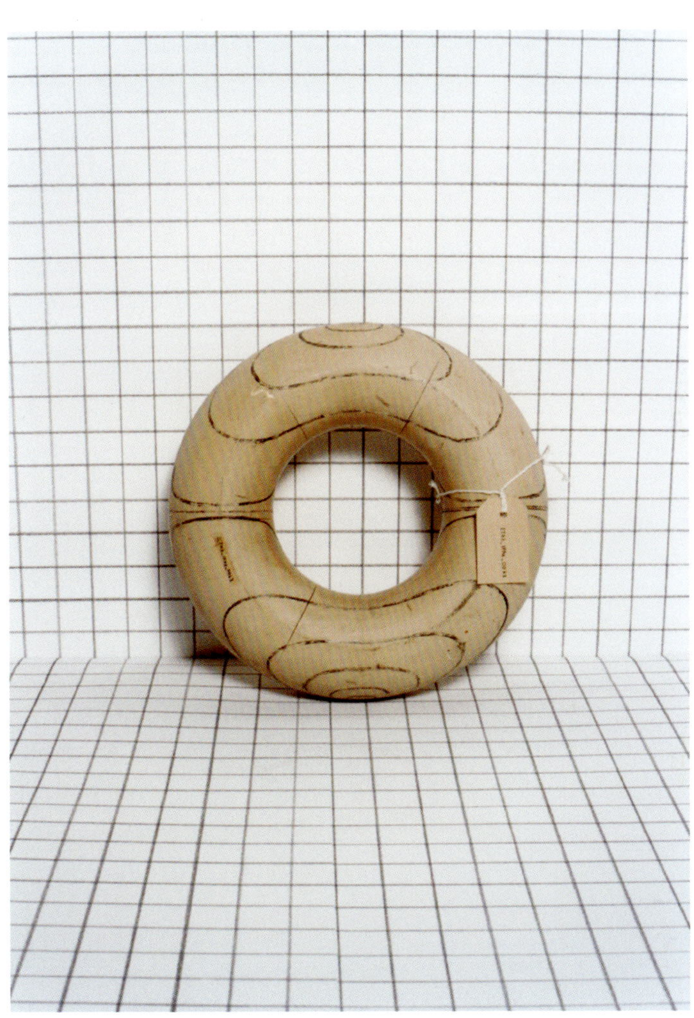

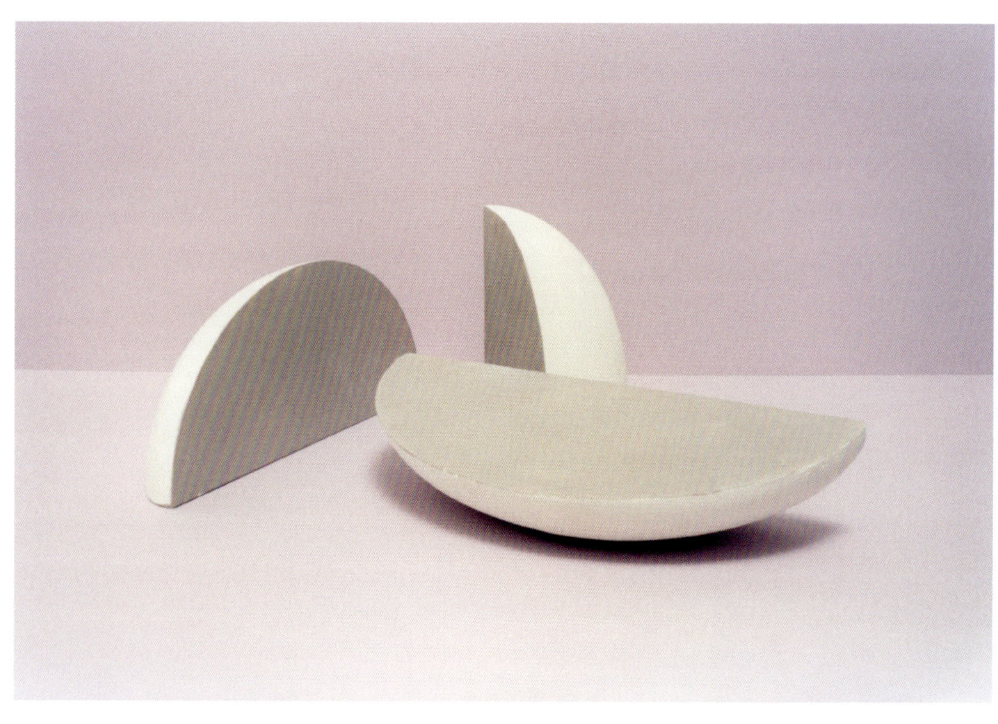

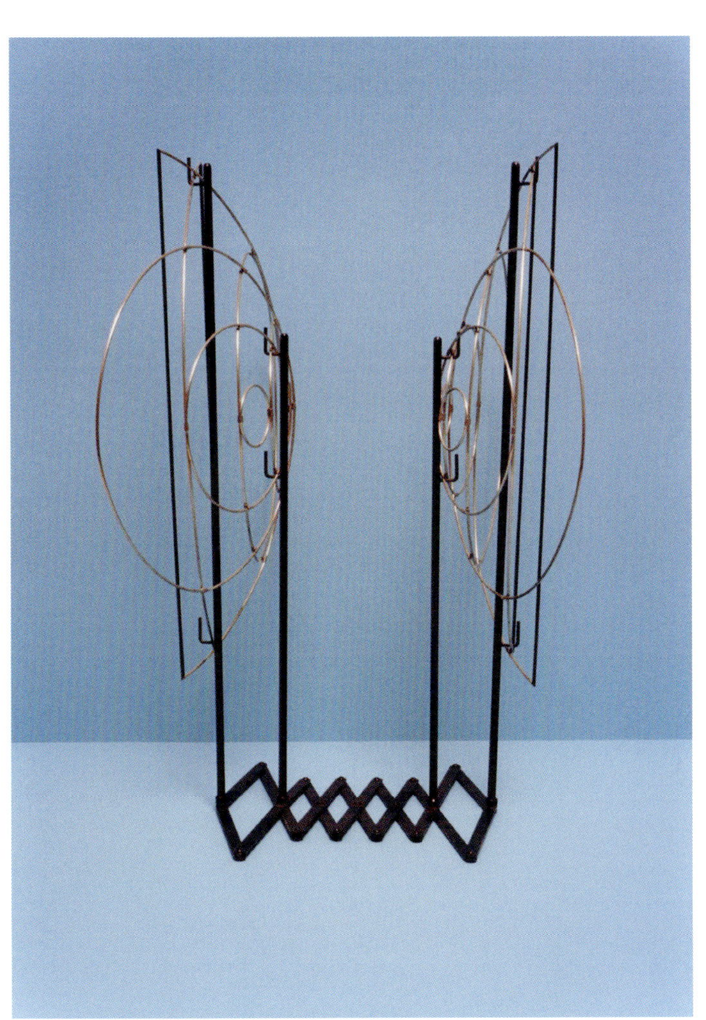

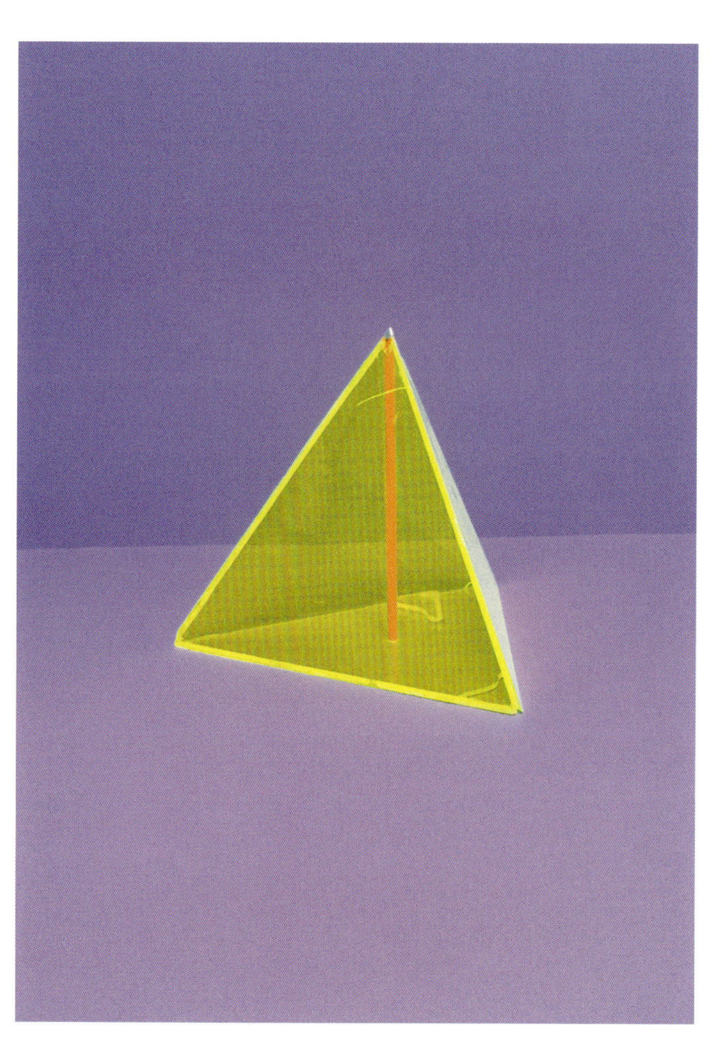

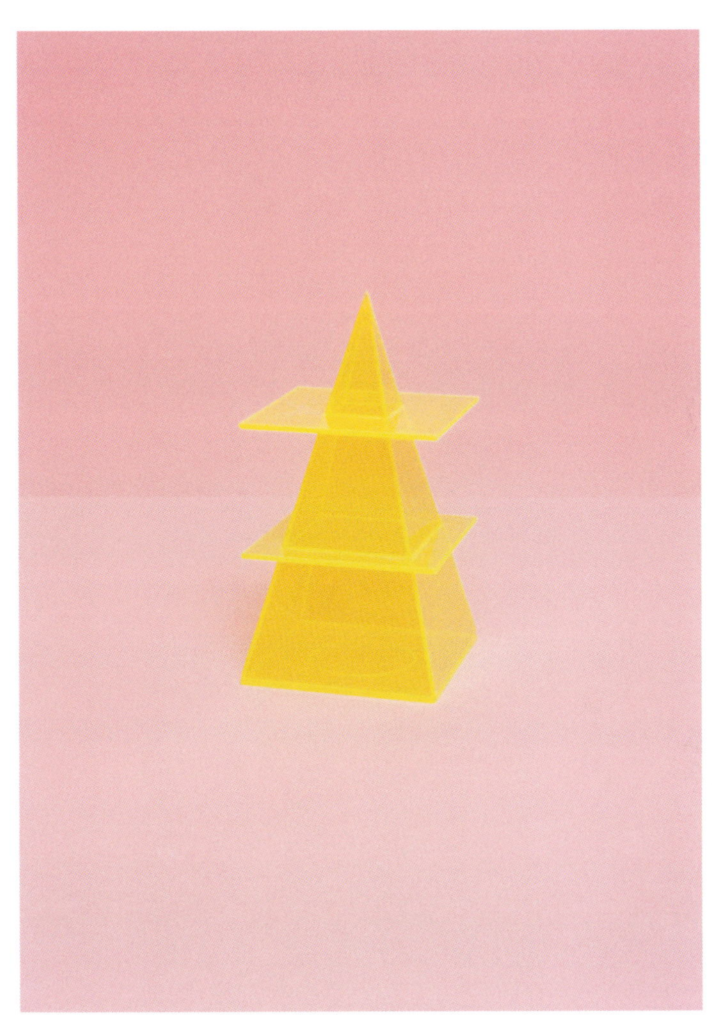

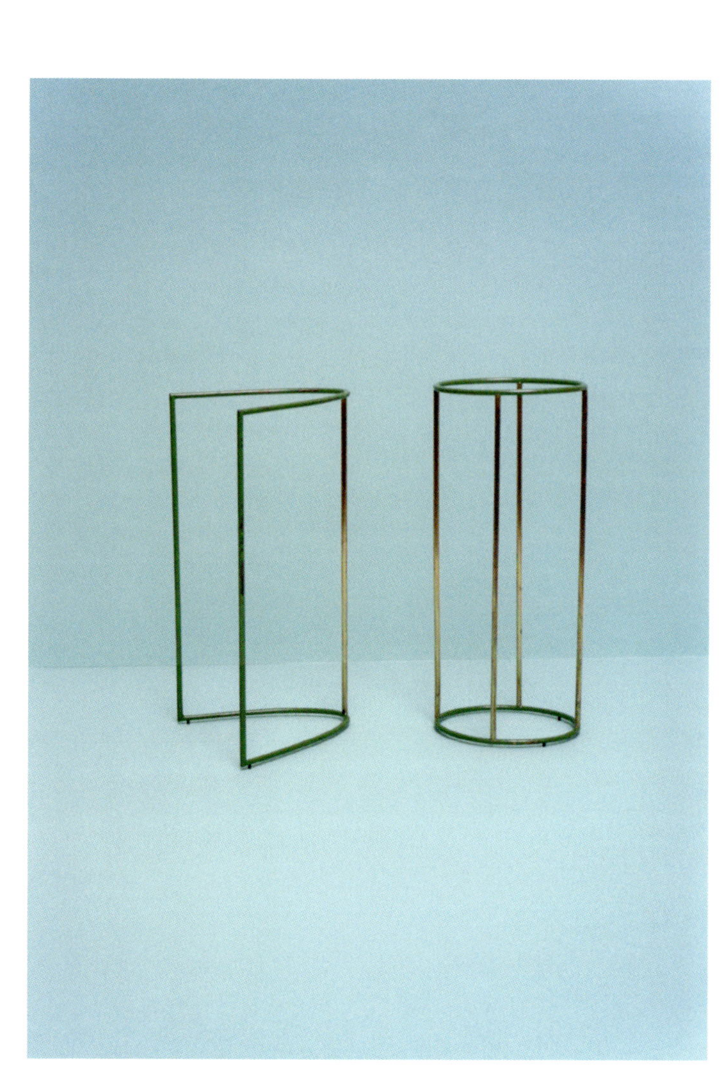

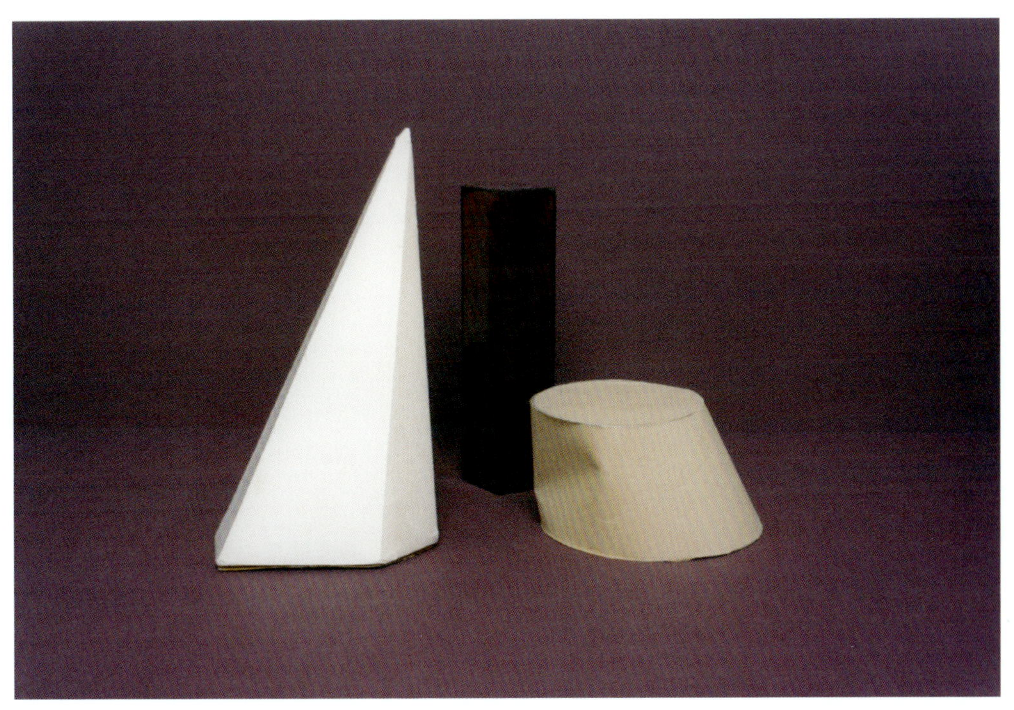

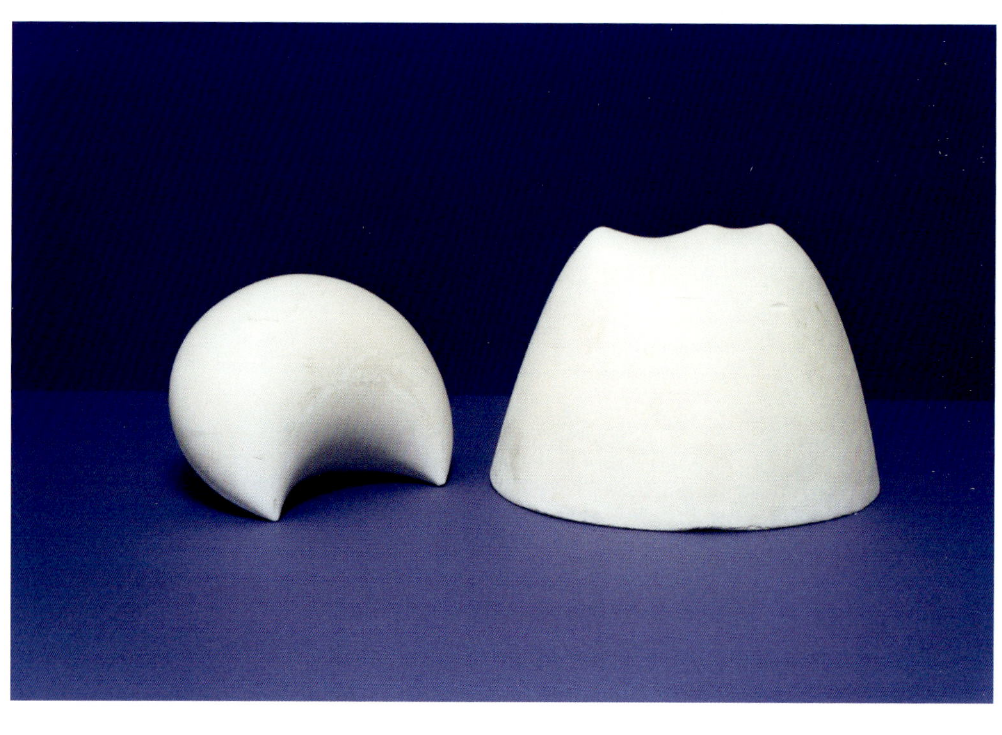

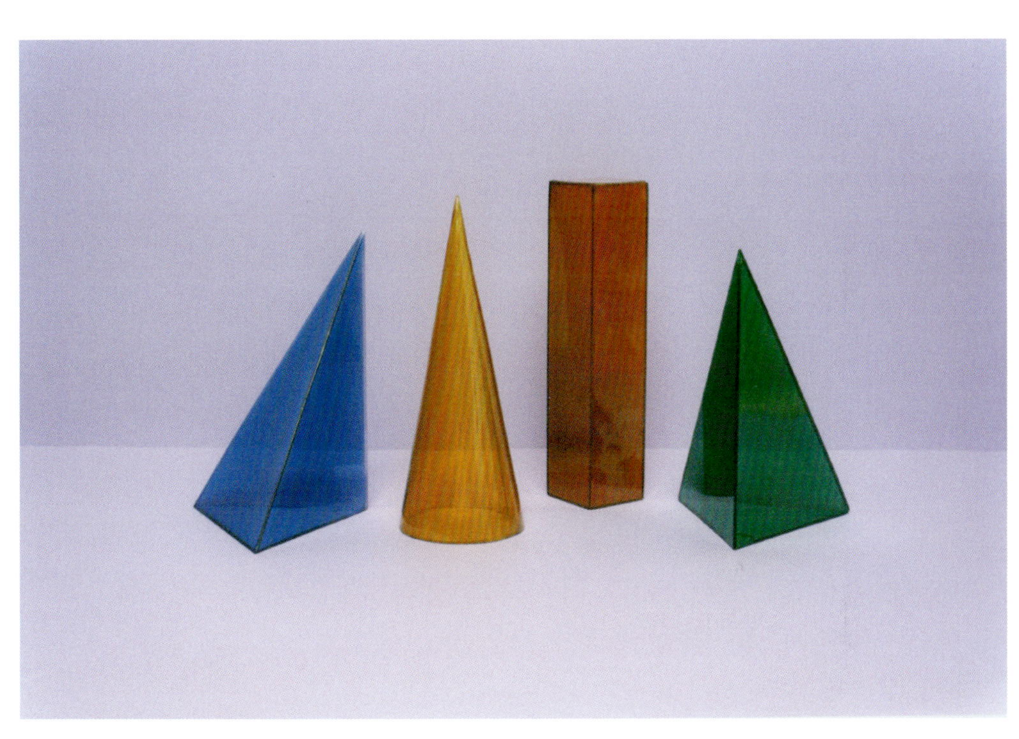

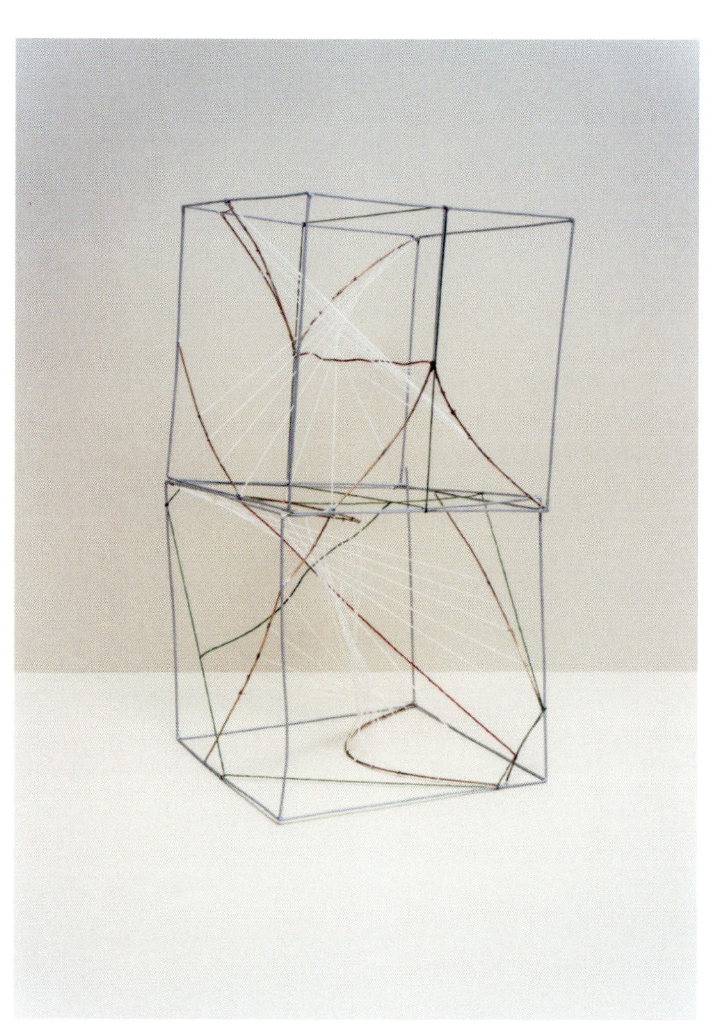

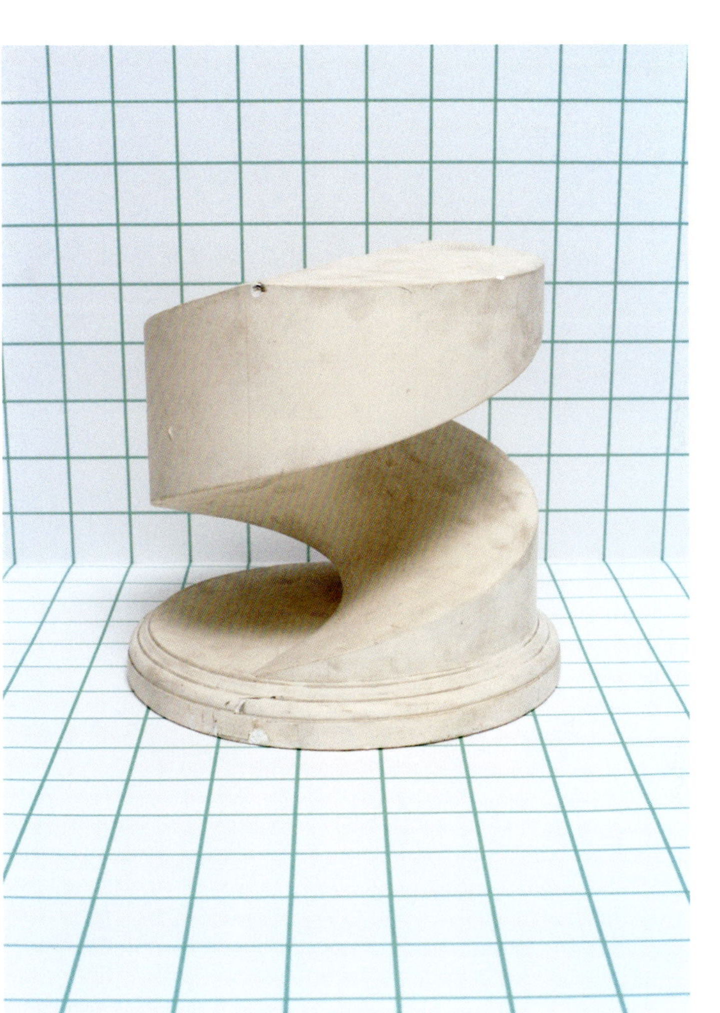

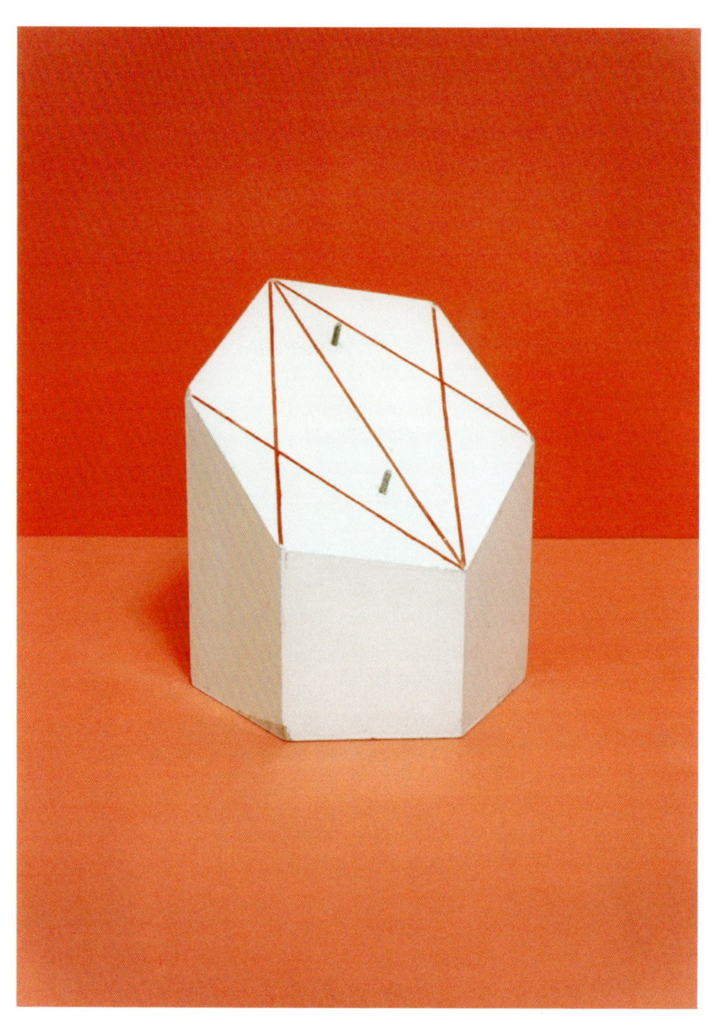

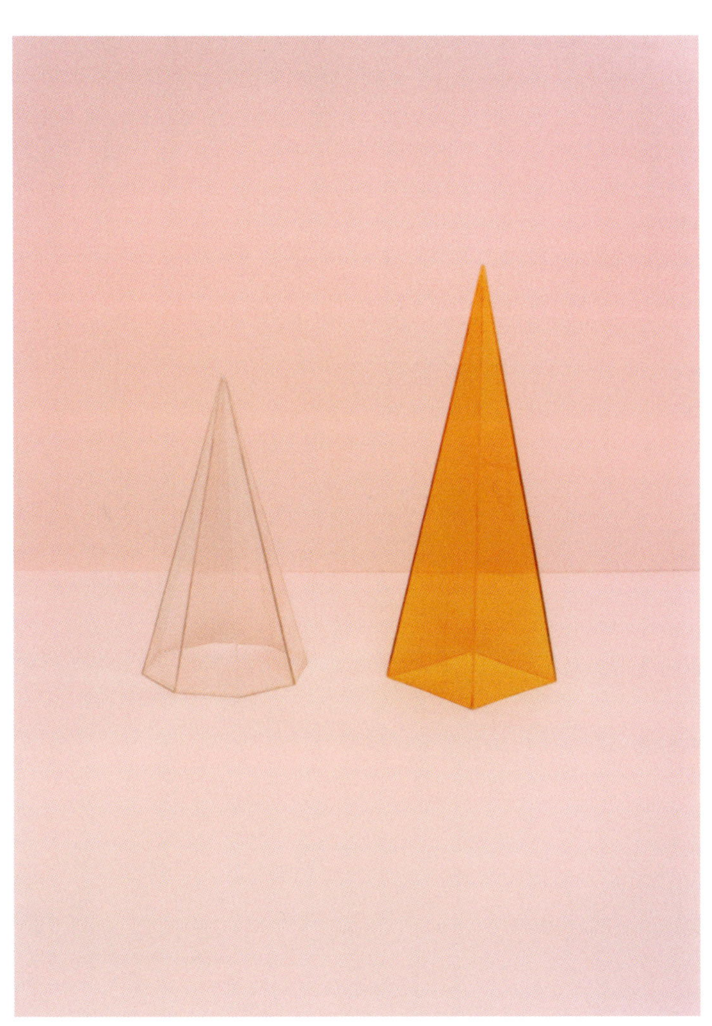

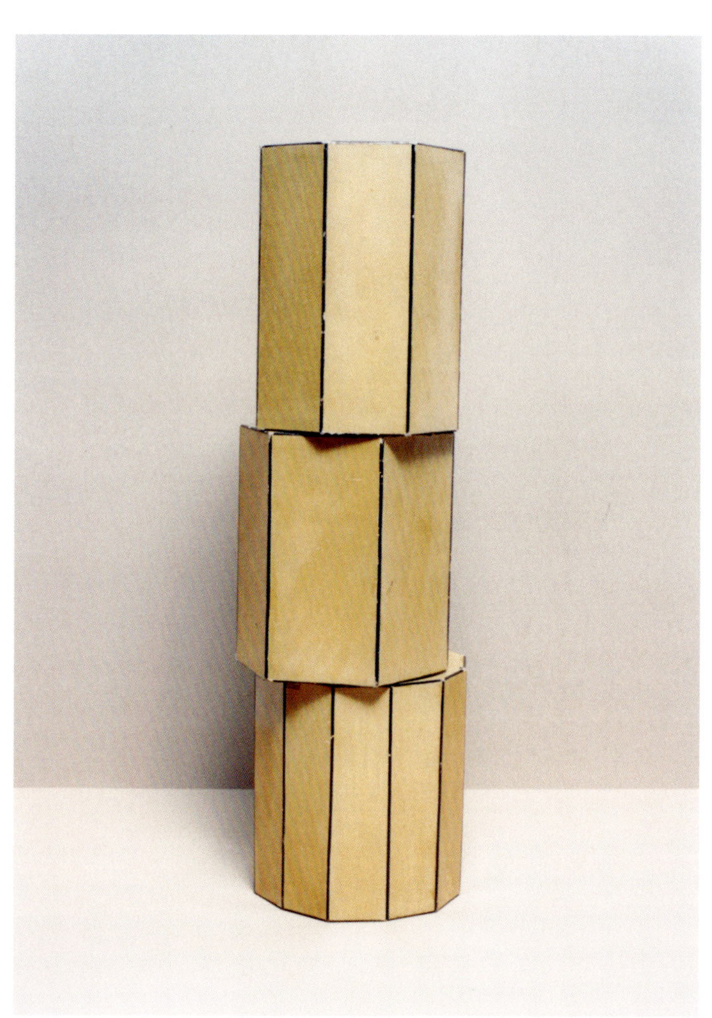

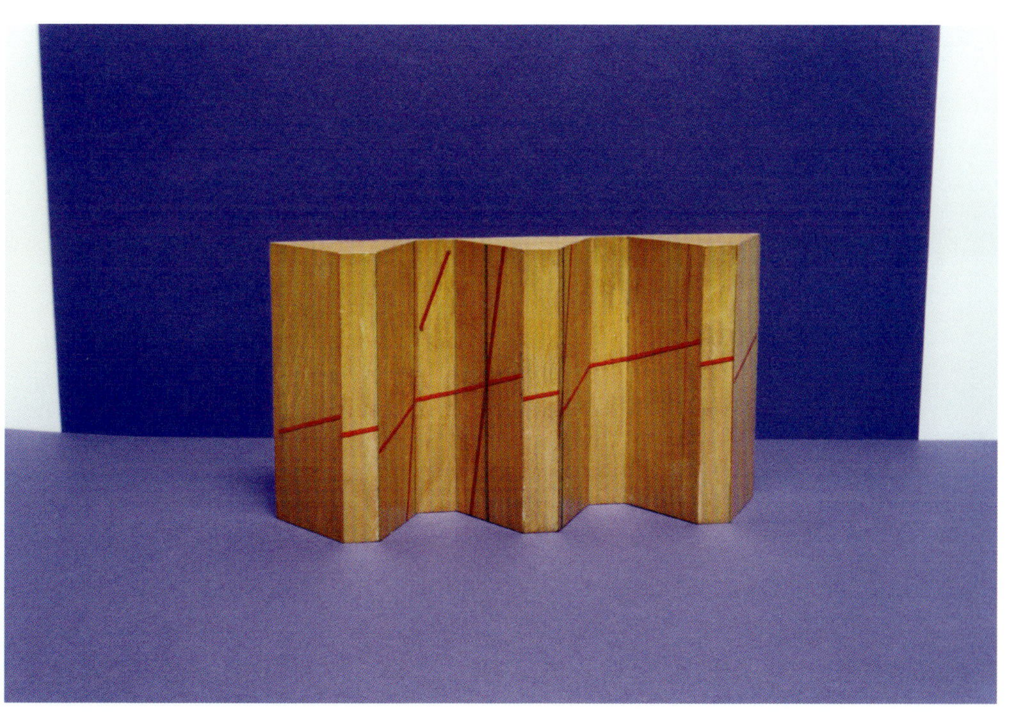

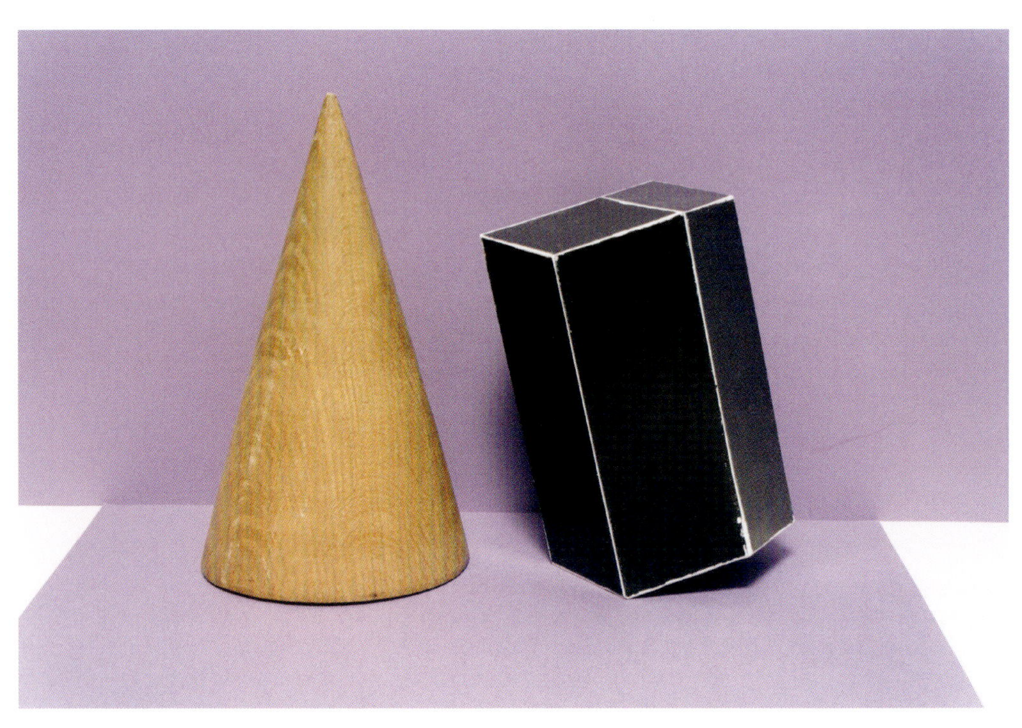